英語でユーモア

「グローバル・シチズン」に
不可欠な素養をどう磨く

小西 丹

JN111776

ワニブックス
PLUS新書

もくじ

【アペリティフ】

ユニバーサル・ユーモア＝グローバル・シチズンの武器 ………… 6

【スターター 1】

イギリス、ユーモアが日常に ………11

ゴミを読みあさる乗客／運転手もユーモアを披露／
ユーモア漬け／DNAにユーモア感覚

【スターター 2】

下ごしらえ …………………………22

武器としてのユニバーサル・ユーモア／自分に you／
英語で自己解放／他人の靴を履く／強烈な好奇心／
海外メディアの積極活用／
日本を知る、これすなわちグローバル／日頃から型破りに／
どこまでもひねくれる／英語ベタを逆手に取る／
「やっぱり」の追放／受動態に甘んじない／
猜疑心を研ぎ澄ます／旨いものを自分で探す

【スターター 3】
相手への気配り ･････････････････････69

幼稚な 'Me too!' ／確信が持てない 'I think so (too)!' ／
どこで習ったのか 'How do you think?' ／
Think ばかりでは Think 不足／
尋問調の 'What is your name?' ／高飛車な 'I told you.' ／
仲違いに発展しかねない should と had better の誤解／
目の前にいる者に He/She は禁物／
busy、tired はタブー／ Good morning より John ／
そっけない 'What is it?' ／とうてい無理な ambitious ／
子供専用の dream ／
誰にもウケない 'typical Japanese' ／ pudding テスト／
説教調の 'Do you understand?' ／
冷たい 'No, thank you!' ／横柄な 'Excuse me!' ／
要警戒の challenge ／避けたい difficult ／
おいしいなら何でも delicious? ／無駄な important ／
very ばかりでは深みなし／イディオム以前に語彙／
深読みに注意／必ずしもウケない 'win-win'

【メイン・コース】
ユニバーサル・ユーモアの実践 ···· 113

「潜水艦」でグッとお近づきに／
子供？　いないんじゃないかな／
オンライン・デーティング奮戦記／本に変身／車に変身／
勝負は2分以内／創造的応用／**Watanabe-nomics** ／
Smartise ／トランプから電話／トランプ解剖／
タイムスリップ／母国を醒めた目で解説／
バツが悪いときの助け船／
良家の出の紳士もユーモアで味方に／
ヘッジファンド・ブルース／事実と大嘘の境界線で楽しむ／
少子高齢化問題への妙案／スシネタを活かす／
ロンドンをこきおろす／ついでに日本も料理

【サイド・オーダー】
捻りのエスニック・ユーモア ········ 172

'Are you Canadian?' で逃げる／
'Rules apply to everyone'... in Germany ／
'French are born to break rules.' ／
'Italians look for a stage to perform on.' ／
'The weak remain weak in Russia.' ／
'你好！Wouldn't you like some lessons from Japanese?' ／
'Japan should welcome devil's advocates.'

【デザート】

英と米、とてつもなく違う世界 …… 199

脱アメリカン／イギリス人も勘違い／
アメリカでは「アメリカ」英語、イギリスでは「ナンデモ」英語／
アメリカ人はマイナス5、イギリス人はプラス3／
アメリカ人は直球、イギリス人は変化球／
イギリスでは避けたい 'Hi, guys!' ／
チープな trendy ／ Eccentric? ならば精神科医へ／
刑事コロンボくらいがいい／ 'Size matters?' ／
ショー・タイム！わかりやすいのが一番？／
'Greed is good?' ／ディジェスティフ＝「プレグジット」を練る／
トリュフ・チョコ＝カラダにバーコード

【ダブル・エスプレッソ】

？と！で豊かな人生 …………………… 251

ユニバーサル・ユーモア＝グローバル・シチズンの武器

　筆者は若い頃にギターを抱えてバンドで歌っていたこともあり、今でも息抜きに時々ギターを奏でるときがあります。フェンダーのテレキャスターを持っていますが、最近ちょっと修理が必要になったので買った店に持っていきました。

　エレキ・ギターと言えばアメリカ製のフェンダーとギブソンが有名です。Made in USAで買いたいと思うのはギターくらいしかありません。

　ロッキードやグラマン製のジェット戦闘機はちょっと高くて手が出ませんし、映画『トップ・ガン』のトム・クルーズのように気晴らしにF-14Aの操縦桿を握って空の散歩、というのは趣味としては贅沢過ぎます。また、最新鋭のF-35は不良品らしく音速で一緒に地面に落下し広範囲にわたり多大な迷惑をかけないとも限らないので食指が伸びません。

　ロンドン中心部の近くにデンマーク・ストリートという100メートルにも満たない短い通りがあります。そこに数店のギター・ショップが並んでいます。フェンダーとギブソンはここでも別格です。

テレキャスターはそこのある店で買ったのですが、入れ墨をした、やたらと元気でサービス精神旺盛なハワードという若い店員にうまく乗せられての即断でした。

　買ったときに、なかなか的確なアドバイスをくれました。「ボクは中古のギブソンを４本持っている。老後に備えての投資目的でね。ギブソンは倒産しそうなので将来、間違いなく値段が上がるはずだね」と言う彼はギブソンをトレーディング感覚で比較的短期間に売り買いしているそうで、ギブソン・マーケットの最新動向にめっぽう詳しいお兄さんでした。

　1950年代初めに作られたギブソンですと300万円以上するものもあります。保管するのに車庫は要りませんが、ちょっとした高級車並みの値段です。

　ちょうどフェンダーを修理に出そうと思っていたときにギブソンが実際に倒産した、というニュースに接しました。ヤマハがギブソン買収を検討している、という報道もありましたが、それはともかくギブソン倒産はハワードには朗報に違いありませんので早速彼を訪ねました。

　（筆者は現地では「マック」で通っていますので、筆者の発言部分をMで示します。ご承知おきください）

M: Howard, Gibson recently went bust! You know that?

（ハワード、ギブソンがつい最近倒産したぞ！　知ってるかい？）

H: Oh, really? That is fantastic news!

（本当か？　それは嬉しいニュースだ！）

M: A Gibson or Rolls-Royce increases its value as it gets older, whereas I do not get higher values, no matter how old I get. I will never become a vintage, sadly.

（ギブソンやロールスロイスは古くなると価値が上がるが、こちとらいくら歳取っても価値が上がらない。悲しいかなヴィンテージにもなりようがない）

H: Ah, hahaha. But you can donate your heart, lungs or kidneys.

（あはは。でも君の心臓とか肺とか腎臓を寄贈できるじゃない）

M: They have all got rusty and are of no use, and unlike an old Toyota, I do not even have scrap values!

（全部錆び付いていて使いものにならないね。しかも古いトヨタと違ってスクラップとしても売れない！）

　これで大笑いのハワード。上機嫌で修理代をタダにしてくれ、新しい弦のセットまでプレゼントしてくれました。

　こんな調子でロンドン人生を楽しんでいる筆者ですが、ハワードとのやり取りは、おそらくどんな言語で

やっても即通じるはずです。筆者は日頃、こういう普遍的にわかってもらえるユニバーサルなユーモアを駆使しています。

「ユニバーサル・ユーモア」というのは筆者の創ったフレーズです。どの言語にもユーモアを表現する手立てがあるはずです。ある特定の社会の歴史や現状認識を共有したうえでのローカルなユーモアはそれなりに深い味わいがあります。しかし、世界のいろいろな人たちと渡り合うグローバル・シチズンには、国の垣根を越えて瞬時に理解できるユニバーサル・ユーモアがドンピシャとはまります。

学校で習った型どおりのつまらない英語におさらばし、相手にガードを下げさせ情況次第で相手を手元に引き込む殺傷力ゼロの武器、ユニバーサル・ユーモアを操るグローバル・シチズンになろう、というのが本書の提案です。

筆者がやっているくらいですから、さほど難しくありません。最後までお読みいただき「では自分もチャレンジしてみよう」という気になっていただければ、という思いで綴りました。

これがアペリティフです。次にスターター、メイン・コース、サイド・オーダー、デザート、最後にダブル・エスプレッソを用意してありますが、おいしそうなところからつまんでみてください。

イギリス、ユーモアが日常に

ゴミを読みあさる乗客

　ロンドンでは毎朝地下鉄の改札口の近くに無料の新聞、フリーペーパーが積まれています。7から8割くらいの人がこれを掴んで電車に乗り込みます。目的地に着くと読んだ新聞は座席に置いていくか、座った状態で頭の後ろに手を伸ばし、窓の桟（さん）のところに無造作に置いていくのが男女を問わず「礼儀」です。せっかくだからというので別の客がそれを取って読み出すというのが普段の光景です。

　というわけで、午前中終点に着いた電車の中は捨て置かれたフリーペーパーで溢れています。たまりかねた運行会社は運転席の後ろの壁に、白のB5くらいの紙に黒字で印刷された地味な注意書きを貼り出しました。ある職員が思い付いて事務所で作成したとおぼしきお手軽な作品です。これはたいていの国では「読んだ新聞はゴミ箱に！」といったメッセージになるのでしょうが、さすがイギリス！'THE NEWSPAPER YOU'RE READING IS RUBBISH.'（あなたがお読みになっている新聞はゴミです）と書かれてありました。

　これを見た乗客も相当いたと思いますが、ゴミを読んでいる自分にギクッとした人はゼロのようで新聞の捨て置きは一向に減りません。運行会社の方もこれが効果を発揮するとはまったく期待しておらず、ユーモ

ア精神があるところを披露してみよう、くらいのノリ
です。この注意書きは1年ちょっとくらいで撤去され
ました。

　最近はニュースをスマホで拾い読みする乗客がほと
んどでフリーペーパーをめくっている人は2、3割に
減っています。それでもゴミ新聞ゆえに車内捨て置き
はなくなりません。

運転手もユーモアを披露

　ロンドンの地下鉄で、肘をついて手のひらに顎を乗
せて、もう一方の手でハンドルを握っている運転手を
見たことがあります。口笛でも吹きながら、のんびり
業務をこなしている感じです。横に新聞や魔法瓶を置
いているのを目にしたこともあります。

　金融街シティのマンション・ハウスという駅のホー
ムの脇に**Tea Point**と表示されたドアがあります。こ
こに着くと、運行状況次第で運転手は運転席を離れ、
特に急ぐわけでもなく、このドアの中に姿を消し、し
ばらく戻って来ません。**Tea Point**でお茶を飲むので
す。そして熱いお湯でいっぱいにした魔法瓶を抱えて
戻って来ます。運転席にはちゃんとマグカップと
ティーバッグが用意されているのです。さすが、プロ！
余裕があります。乗客をほったらかしにしてお茶を一
杯、では気が引けるのでしょう、**Tea Room**ではなく
Tea Pointにしているところがミソです。

仕事中にしっかりティータイムを取る運転手は車内が混雑してきて乗客が窮屈な思いをしている場合はユーモアでリラックスしてもらおうと努めます。

　ある朝、乗った地下鉄が超スローで市内に近づくに連れ、混み合ってきました。主要駅に停車したときには、ホームの乗客が乗り込むのに一苦労。そこで運転手が（ロンドンの地下鉄には車掌はいません）、

'Please squeeze in further inside! Find a best-looking, nicest-smelling person, and stand right next to him or her.'
（車内の奥に詰めてください。一番見栄えのいい、一番いい香りのするヒトを見つけ、そのヒトの横に立ってください！）

　というアナウンスを流しました。

　筆者はけっこうクスクスしましたが、ロンドンの乗客はこの程度の「奥のない」ジョークにはまったく反応しません。ユーモアのセンスを車内アナウンスで披露したい運転手がいるのは客もよく知っていますが、朝のラッシュ時の乗客は大半がオフィス勤めで知的レベルが総じて高いので、もっと捻りを利かせないとウケません。

　日本で運転手がこれをやったら即座に降格か職場異動に遭うでしょう。運転手は変な人なんじゃないか、と不安にかられる乗客もいるのではないでしょうか。

　ここ20年くらいの間に「健康と安全」の名の下にやたらと規制が増え、幼稚化し窮屈になったイギリス社会ですが「何もそんなに真剣になることはない」「ルールなんて状況次第で臨機応変に適用すればいい」「誰も完璧ではあり得ない」「何事もほどほどがいい」「カリカリしなさんな」という伝統的なメンタリティーは失われていないようです。

ユーモア漬け

　ある日、BBCテレビのインタビュー番組の冒頭で、パブに入ったら横で飲んでいそうな見栄えのしない、あるベテラン・コメディアンが登場しました。司会者が

'How's life treating you?'（**最近どうされてますか**）

　という挨拶を投げかけたところ、このコメディアンは

'I am standing on a secure ground of insecurity.'（**不安定というしっかりとした地に足をつけています**）

　と明るい表情で返答しました。

　今は仕事があったりなかったり、私生活でもいろいろ問題を抱えているのかもしれませんが、このユーモアに富み、教養を感じさせる彼の言葉に筆者は思わず唸りました。本人は事前に答えを用意していたのかもしれませんが、この一言で視聴者に強烈な印象を与えたはずです。

イギリスでは書店の入り口の近くに人気作家のフィクションが陳列されていますが、それほど離れていないところに**crime（犯罪、探偵モノや実話を扱った書籍）**のコーナーがあり、その近くに**humour（ユーモア）**の書棚を設けているのが普通です。

　子供向けのコミック本ではなく大人が読む、ときの社会的な風潮や政治家の発言などを皮肉った高級なユーモア集などが陳列してあります。**humour**の書棚の前に立ってタイトルを眺めているだけでこの国がユーモアの本家なのだ、という誇りさえ感じさせます。

　BBCのテレビ番組のコメディのカテゴリには**satire（風刺）**、**sitcoms（喜劇ドラマ）**、**sketch（ミニコントの寄せ集め）**、**standup（日本の漫才に近いのですが一人でやるのが多い）**とあり、これらに分類できないものは**other comedy**に

押し込んであります。大人を楽しませるユーモアたっぷりのアニメや人形劇もあります。女王陛下をはじめ王室のメンバーもおちょくりますが、どんな人物にも人間臭さを与えているところが救いです。

　筆者が特に好きなのがBBCテレビで80年代に放映されたコメディ番組『Yes, Minister』。大臣がやり手の官僚に手玉に取られるという筋立てで、登場人物の台詞はなかなか奥の深いユーモアに溢れています。

　イギリス人のユーモア精神を遺憾なく発揮し、**'cartoon'（風刺漫画）**を産み出した1841年創刊の週刊風刺雑誌『Punch』は圧巻です。残念ながら1992年に廃刊となってしまいましたが、007シリーズ、スポーツイベント、犯罪捜査同様、何でもいったん始めると簡単にはやめないイギリス人のしつこさも代表しています。

　『Punch』の寄稿者の中にP・G・ウッドハウス（1881-1975）という著名なコメディ作家がいます。彼の作品中に、主人より機転の利くバトラー、ジーヴスが登場します。彼の名前は王室御用達のクリーニング店の名前にも使われています。わからないことがあったら何でもジーヴスに訊いて欲しい、というのでアメリカのAskという検索エンジンに以前は彼のイラストが登場していました。

　1961年創刊の『Private Eye』という隔週の風刺雑誌はしぶとく生き残っていて政治家、著名人、王室などを辛辣に皮肉った記事やcartoonを掲載しています。政治的には無色で右から左まで料理してしまいます。現在の編集長はオックスフォード大卒のイアン・ヒス

ロップ氏。本人の性格を反映してか、おちょくりもどことなく温かみを感じます。年末になると、その年のハイライトを集めたハードカバーが刊行され、手頃なクリスマス・プレゼントとして地味な人気があります。こういうジャーナリズムが生き残っているのは成熟した大人の読者がいるという証明でしょう。「健全な社会には健全なユーモアが宿る」と思う次第です。

　また、バースデー、クリスマス、バレンタインデー用のグリーティングカードも、思わず笑いを誘うようなものが店に置いてあります。相手や状況次第ですが、愛の告白にしても真っ正直に‘I love you.’と決まり文句で迫るより、ちょっと捻りを利かせた変化球で迫った方が相手のガードを下げさせるには効果的です。ビジネスも同様で、ユーモアを解する、ユーモアに溢れた会話ができる人物だという評価が定着すると、「ぜひもっと親しくなりたい」と人が寄って来ます。

　話変わって、ローワン・アトキンソン演ずるミスター・ビーンは言葉ではなくしぐさや顔の表情で笑わせるので、誰にでもわかりやすくユニバーサルでウケます。しかし、ローワン・アトキンソンは、やはり80年代に製作されたTV喜劇シリーズ『Blackadder』の方ではるかに高い評価を得ています。彼はオックスフォード大学のクイーンズ・カレッジで電気工学を学んでコメディの道に進んだ変わり者です。

　イギリスで何度も再放送されるような人気コメディの台本はケンブリッジ大学やオックスフォード大学出の秀才が書いています。日本で言えば東大、京大出がコメディの脚本も書き、演じてもいるという具合です。エリート臭さが鼻につく部分もありますが、こういう人たちが政治家を皮肉り、誰もがではありませんが、政治家の方もそれを楽しんでしまう遊びの精神を備えています。イギリスのコメディを見ていると日本の政治家、メディアのイマジネーションのなさには悲しみを禁じ得ません。

DNAにユーモア感覚

　地獄がどんなところかと言えば、警察官がドイツ人、メカニックがフランス人、恋人がスイス人、バンカーがイタリア人、コックがイギリス人というジョークがあるくらいで、イギリス人の舌が肥えていないことは世界的によく知られています。

　イギリス人の典型的な夕食と言えば、ビーフステーキ、煮込みすぎのグリーンピース、マッシュポテトあるいはチップス（油で揚げたポテト、フレンチフライのことですが、油を思いっきり吸い込んだヘナヘナのポテト）を一皿に載せた、見ただけで食欲が萎えてしまう取り合わせ。これを、塩こしょうと、HPソースという、とんでもない瓶詰めソースをかけて食べます。美食の国フランスでは小学校の給食でも出ないレベル

の食事です。

　招かれた先で、こういう夕食を出されるとナイフとフォークに手が伸びません。勇気を奮い起こし、何とか持ったにしても手が震えてしまい、うまく切れません。出かける前に、駅弁などに付いてくる小さなプラスチック容器に入った醬油をポケットにしのばせておきたいものです。

　イギリス人の食卓に上るビーフステーキは舌の上でとろけるような霜降りであろうはずがありません。簡単に嚙み切れるようではいけないのです。口に入れてから何度も咀嚼せずに（そもそも肉汁がないので咀嚼する意味がありません）、比較的大きな固まりを呑み込むのが「礼儀正しい」食べ方なのです。豆腐からステーキまで何でも柔らかく、「ちょっと食べ過ぎたかな」と思っても比較的すぐに消化される和食では物足りないのです。肉を好む人種一般に言えることかもしれませんが、イギリス人は食いちぎり、腹にグッともたれる、満腹感が味わえるような食べ物を好むようです。英語ではこういう料理を‘**good solid food**’と形容します。イギリス人にとってこの‘**good**’は味ではなく、あくまで量についてを意味します。

　イギリス人の味覚が未発達なのは、彼らの先祖にヴァイキングの血が混じっているからかもしれません。陸上でよりも海上で過ごす時間の方が長く、材料

が限られるので贅沢ができなかったのです。船に積み込む食料は、戦略と戦術を駆使し、略奪、横取りに必要な体力と健康保持ができればいいので、おいしいものに舌鼓を打つ余裕もなければ、関心もありません。味覚（**sense of taste**）が発達しなかったのはそのためでしょう。

　それを補完するために発達させたのが<u>ユーモア感覚</u>（**sense of humour**）で、これはイギリス人のDNAに組み込まれている、と言ってもいいくらいです。

　さらには、科学的な根拠がないにもかかわらず、自分たちのユーモア感覚は世界一だと思っていて、ドイツ人についてはユーモア感覚の劣る二級市民くらいに見なしています。それだけにイギリス人を唸らせるようなユーモアを披露すれば、けっこういい気分になれるのですが、こちらを上回るユーモアで切り返してくる人もいます。

　そういう彼らと長く付き合っていると、こちらもある程度ユーモア感覚が鋭敏になっていきます。ただし、日頃彼らと同じようなものを食べ、レストランで「味はどうか？」と訊かれて社交辞令のつもりで、「おいしいです」といつも答えていると、だんだん味覚が退化していきますので、その点には注意が必要です。

【スターター2】

下ごしらえ

武器としてのユニバーサル・ユーモア

ユーモアは特定の言語自体に内在するものではありません。言い換えると、ある言語がユーモアを表現しやすい構造になっている、あるいはその逆ということはないはずです。日本語にも川柳や「何々とかけて何と解く？　その心は？」といった言葉遊びがあります。どんな言語でもユーモラスな表現はできるのです。ただ、日本の社会が「型にはまる」「行儀がいい」「淡々」「粛々」という行動様式を好み、英語もまず型を教えられ、そこから抜け出せないので「つまらない」英語しか出てこないのです。

役員会や戦略会議などでトップが神妙な面持ちでアジェンダに沿った話をし、他の役員が皆しゃっちょこばって聞いている、ユーモア感覚を発揮しようがないような状況で画期的な発想など期待できるはずがありません。

ユーモアなき会話はサビ抜きのにぎり、とうがらし抜きのアラビアータ、ホースラディッシュなしのローストビーフのようなもので、ピリッと来ません。刺激がなく誰の印象にも残りません。誰の印象にも残らないようではビジネスも人間関係も広がっていきません。

授業料を払って、まじめに講師の指導に従っている

ようではいつまで経っても紋切り型の表現を抜け出せず、イギリス人のユーモア集、ジョーク集など読んだところで頷く程度で終わりでしょう。

「理解する」にとどまる受け身のユーモアに終わっては意味がありません。ユーモアは駆使してこそ価値があります。究極は誰かのユーモアの真似ではなく、誰も使ったことがないユニークなユーモアを創造することが理想です。ある程度の英語力は必要ですが、肝心なのはむしろ柔軟で自由な発想ができるかどうかです。

　イギリス人やアメリカ人の誰もがユーモアのセンスを身に付けているというわけではないのですが、英語の社会（とは限りませんが）では、ユーモアというものに非常に高い価値を見出しているのは間違いありません。

　ユーモア感覚は単にその場の緊張感をほぐす、人を笑わせるといった程度の低次元の資質ではありません。人を驚かせる、アッと言わせると同時に、示唆を与える、新しい視点を考える場を提供するものなのです。それは確たる自分の座標軸、相手と共有している知識を即座に把握する明晰さ、現実を新しい視点で客観的に見つめ直す精神的余裕や想像力などと表裏一体の関係にあり、その人物の人柄、教養と密接に結び付いています。

　ユーモア感覚は自分を売り込むときの強力な武器でもあります。しかもカラシニコフ（AK-47）と違って人を傷つけません。また、これがないと相手の本音を引き出せません。初対面でお互いに何者なのかわからないときに一気に親しくなるための**ice-breaker（糸口）**として有効に活かしたいものです。

　ユーモアに溢れた会話ができるということは相手にこちらはガードを下げているぞ、話しやすい相手だぞ、というシグナルを送ることになります。そうすると一緒に飲み食いしなくても相手の本音を引き出せるようになります。逆に一緒に飲み食いしてもユーモアに溢れた会話ができないと、それっきりです。
「日本人は皆、礼儀正しく、愛想もいいけれども自分の意見や見解はない。もしかしたらあるのかもしれないが言わないので何を考えているのかわからない」というのが、外国人の日本人に対する一般的な評価です。場合によっては**boring（つまらない）**という判定が下ります。この**boring**は「この人と付き合うのは時間を無駄にするだけ」というかなり強い否定的な意味を持っています。

　逆にちょっとした、ユニークなユーモアを披露するだけでネットワークがグッと広がっていくのです。

　グローバル・シチズンには難しい英語の表現ができる、海外での勤務に堪えられる、という以前に相手の

目付きやしぐさ、口調を瞬時に読み取って自分の英語がどう受け止められているかを察知し、シンプルでユーモアに満ちた表現をする力が求められます。そのユーモアが、ある特定の社会の、その時点の社会情勢などについての知識を前提としたローカルな、一時的なものではなく、普遍的ですぐに理解できるものであることが大事です。

そして、最初の2分が勝負です。

ユニバーサル・ユーモアとは、ユニバーサル＝国境・言語・文化を超越した普遍的なものであり、どの言語でも表現できなくてはならないものですが、英語が世界で最も普及している言語であるという現実に鑑み、英語を道具にしてユニバーサル・ユーモアを駆使できるグローバル・シチズンになりましょう、というのが本書の提案です。

残念ながら、日本において学校を出て定年までひとつの組織に奉職するというライフスタイルは、今後ますます難しくなっていくでしょう。その一方で、テクノロジーの進歩によって情報が世界的に瞬時に拡散されるというグローバル化された状況が前世紀の状態に逆戻りすることはなく、世界で最も広く使われている言語が英語であることも同様に変わらないと思います。

これからの日本の若い世代はユニバーサル・ユーモ

アを武器にグローバルなステージで生きることを、選択肢としてこれまで以上に真剣に考えざるを得ないようになると思います。海外にも可能性を求めるとすれば英語力が欠かせません。

しかし、英語はあくまでもツールです。それをどう自分の中に取り込んでいくか、どういう方法がベストかは人それぞれだと思います。

これから、英語で相手を笑わせ、自分を笑い、相手の警戒心を解き、強烈な印象を残すにはどうすればいいか、ユーモラスな表現はどうすれば身に付くか、ユーモア感覚を磨くにはどういった心構えや姿勢が必要か、といったことを中心に話を進めていきます。

ユーモア感覚はおそらく日本の社会が健全であるためにもぜひとも必要なものだと考えます。閉塞感が漂うときこそユーモアで乗り切る、ユーモアの意義を見直せば、新しいビジネスチャンスの開拓にもきっとつながるでしょう。ネイティブを脱帽させるようなレベルまで持っていきたいものです。

自分にyou

朝起きて鏡に映った自分の顔を見て、「ちょっと疲れた顔をしているな」という場合に、筆者は、この「疲れた顔をしているのはIなのかyouなのか」という質問をさまざまな国籍の人たちに投げかけてみることがあるのですが、まずこの質問にほとんどの人がびっくり

します。

　他人になり切ることを職業としている俳優はyouと答えるかもしれませんが、大半はI、一人称代名詞を使うと返答します。どの言語でも鏡に映った自分に向かって二人称代名詞で呼びかけ、自己を客体化するのはデフォルトになっていないようです。

　自己を客体化するには客体化できる自己、自我の存在が前提となります。ところが日本語では、一人称単数代名詞（私、俺、小生など）、第二人称単数代名詞（あなた、おまえ、貴殿など）がそれぞれ話し手、聞き手を指すことが文脈上明白な場合はあえて言わないのが普通です。

　日本語が構造上そうなっているからではなく、日本人がそのような「使い方」をデフォルトにしているからなのです。英語でも'I'、'you'を言わない場合がよくありますが、これはそれぞれが誰を指すかはっきりしているので「省略」している、という意識で、英語では人称代名詞を言うのがデフォルトなのです。

　また、日本語ではあえて人称代名詞を使う場合には相手との心理的な距離、社会的な上下関係などを考慮して多くの選択肢の中から適切なものを選ばなければなりません。フランス語にも二人称単数に親称の'tu'と敬称'vous'の区別があったりしますが、日本語では本来の人称代名詞の代わりに「誰々君」「誰々さん」

など相手の名前を使ったり、下から上に向かっては「先輩」「先生」「局長」「社長」「大使」など、身分を表す言葉を使うことがデフォルトになっています。これに合わせて一人称に当たる言葉も「わたし」「わたくし」「ぼく」「自分」「こっち」「当方」など状況次第で変えることが期待されています。この点だけ見ると日本語（の使い方）は複雑です。日本の社会で初対面の人との名刺交換が重要になっている理由のひとつでもあるでしょう。

　ヨーロッパの言語では二人称代名詞に親称や敬称の区別はあっても一人称代名詞はひとつしかありません。英語では話す相手との関係に左右されず、女王陛下と話す場合でも'I'は'I'のままなのです。

　このように一人称単数はあえて使わないのがデフォルト、使う場合は相手との関係次第、という日本語の「使い方」は日本人の精神構造に大きな影響を及ぼしているのではないでしょうか。

　子供に限らず、いい大人でも欧米人に比べると日本人は自我が確立していないことを常日頃、痛切に感じますが、そのたびにこの言葉の「使い方」の違い、さらにそれをデフォルトにさせている「内」と「外」、「目上」と「目下」、「上司」と「部下」などを区別すべきだ、という規範、価値観に思い至ります。成長の過程で日常の言葉の「使い方」を学ぶうちに、こういう価

値観が意識の深層に叩き込まれるのでしょう。

自我が確立していなければ相手の立場に立って自分を見つめることもできません。日本人の会話は仲間同士の価値観の共有の確認か、価値観や意見、見解の異なる相手は敵対視するか、の両極端になりがちです。茶飲み話から国会論戦までだいたいこのパターンです。

自我が確立していないので、ある部分では賛成だが、それ以外の点ではこれこれの理由で賛成しかねる、わたしはこう考える、という会話が成り立ちません。相手が権威ある人物だと、斜に構えることができず最初から100％受け入れ態勢なので洗脳されやすくなります。専門家、識者へのインタビューなどになると何の突っ込みもありません。相手の視点に立って見る習慣、余裕がないので、相手のロジックも理解できません。欧米から見た「外交」というものがそもそも存在しないのも無理はないのです。

ここには日本が非常に均質な社会であるという条件も影響しているでしょう。海外からの日本への投資を促進する、外国人観光客を増やす、などというのも外から見た日本が理解できていない思い込みでぶち上げています。

欧米人の自我は社会的な地位や肩書きとは別個に存在します。それが自我であり、それを確立することが教育のひとつの目的なのです。例えば、株主総会で社

長が取締役再任を否決されたところで、それは経営者としてノーの判断が下ったのであり、日本のように個人としても否定するような論調は見られません。

英語で自己解放

そこで自分を客観視する練習として、鏡に映った自分を見ながら、人称代名詞を言うことがデフォルトになっている英語で

'Ken, you look miserable!'（ケン、情けない顔をしているな）

などと自分の名前で呼びかけ、youを主語にしてコメントを付けてみてはどうでしょう。

次に、どうも目覚めが悪く、実際にmiserableな顔つきのKenが映し出されたときに

'Ken, you look wonderful!'（ケン、いい顔しているな）

と実際とは逆のことを言います。

さらに、Ken、youの代わりに

'This guy looks really silly!'（コイツ、あほ面しているな）

と第三者であるかのように話しかけます。こうすると自分をかなり客観的に見られるはずです。

このThis xxxxという言い方は別に鏡に映っている自分にしか使えない、というわけではありません。単純に

'How are you doing today?'（どう、元気？）

と訊かれたときに、

'This old man needs some recharging.'（この年寄りはちょっと充電が必要だ。ちょっと休暇を取った方がいい）

という具合に、ごく日常的な場面でIの代用として使えます。さらに、

'I think this humble creature deserves a substantial raise.'（この控え目な生き物は大幅な昇給に値するんじゃないかな）

'This bright-eyed and bushy-tailed creature needs to chill out from time to time.'（この元気な生き物〈＝目がクリッとしていて尻尾が毛で覆われたリスを指す。リスは俊敏な動物の代表〉もときにはリラックスする必要がある）

'This hungry wolf wants a big lunch.'（この飢えた狼はランチをたらふく食べたい）

'Even this faithful retriever could not stand his arrogance.'（この忠実なレトリーバーでも彼の傲慢さには我慢できなかった）

という具合に動物に例えた表現も可能です。

ここまでクリエイティブな表現を瞬時に思い付くのは難しいかもしれませんが、自分自身をこのように突き放せるようになると、ユーモア感覚も磨かれるようになります。ひとつくらい自分用に用意しておいてもいいのではないでしょうか。

鏡の中の自分に向かって **'How will history see me?'** と自問しているオバマ元大統領、**'me'** では自己の客体化が不十分だと言わざるを得ません。

『エコノミスト』誌表紙(2013年1月第3週号)

ちょっと付言しておきますと、自分のことに限らず、短い話の中で同じ単語を繰り返すだけで教養や深みのない人物だと思われてしまうことを承知しておいてください。英語のニュースもそういう認識で読む必要があります。

日本語の知識ゼロの外国人が日本人のスピーチを聞くと、スピーカーの目が原稿ばかりに行き、強調アクセントや抑揚がないうえに、最後が「...desu」、「...masu」ばかりで終わるので「何と単調な言語なのだ」という印象を持ちます。日本語でスピーチする場合でもこのことを承知しておきたいものです。

いずれにせよ、自己を客体化し、さらに解放できることが大人の証しであり、それが自己の価値観の見直しとなってユニバーサル・ユーモアを駆使するための土台となります。

他人の靴を履く

　欧米は靴の文化。足の大きさ、形はそれぞれひとりひとり違うので他人の靴は自分と同じサイズでもどうしても履き心地が良くありません。余裕のある男性はロンドンの高級靴店JOHN LOBB（ジョンロブ）あたりで足の型を取り、自分だけの靴を注文します。

　英語には**'Put yourself in other people's shoes!'**という格言があります。字義上はいったん自分の靴を脱いで「他人の靴を履く」ということですが、「自分以外の者の立場に立って物事を見る」という意味です。

　日本では伝統的に玄関までは屋外と同じ高さですが、そこから先は家に「上がります」。その際に履き物、「土足」を脱ぐことで外とのけじめをつける習慣があります。ところが西洋では屋内と屋外に段差を設けていないので「土足」を履いたまま屋内に「入る」のですが「上がる」ことはしません。

　私たちもホテルなどでは靴を履いたままベッドに横たわることがありますが、基本的に欧米人が靴を脱ぐのは寝るときと風呂に入る、シャワーを浴びるとき、つまり完全に無防備状態のときだけなのです。靴を脱いでしまうと、いざというときにコソ泥を追いかけることもできません。

　靴は衣服の一部という感覚で、男女が性行為に及ぶ場合でも靴を脱ぐのは最後になるのが普通です。男性

の前で女性がドレスを着たまま靴だけ脱ぐと、それは
単に「くつろいでいる」以上のシグナルを送ることに
なります。靴を脱ぐという行為自体、私たちが履き物
を脱ぐのとは違った感覚なのです。日本では電車の中
などで外の景色を見たい子供に「土足」を履いたまま
ではシートが汚れるという理由で親が子供の靴を脱が
せますが、これは欧米ではあり得ない光景です。

　靴も衣服同様、足の形にぴったり合ったものを履く
のが、歩くときの姿勢を含め全体としてその人を美し
く見せます。あるアメリカ人の友人（男性）は履いて
いる靴を見ただけで、その人物のライフスタイルから
性格まで、かなりのメッセージが読み取れる、と言っ
ています。

　下駄や草履は**slip on**、足を包み込む靴は**step in**で、
履き込むうちに靴の方が足に馴染んできて履き慣れる
（**wear in**）と自分だけの靴になります。他人の靴はど
うしても履き心地が良くないのです。それでも試みる
のが他人の立場に立って物事を見る**'Put yourself in
other people's shoes!'**ということになるのでしょう。

　特に、異言語、異文化が交錯、衝突する場面でこの
ことを実行するのは容易ではありません。しかし、こ
れができなければグローバル・シチズンにはなり得な
いのです。

他人と意思疎通がうまく行かないときに日本人はその場であえて問題を取り上げて話し合うことをせず、放置してしまう傾向があります。事を荒立てる（**rock the boat**）ことや、波風を立てる（**make waves**）ことを嫌います。そして意見や見解が真っ向から対立する場合には相手の立場に立ってなぜ対立するのかを考えることができず、いきなり感情論に走ってしまい個人攻撃になってしまうのです。

　もちろん外国人の間でも同様なことはあります。一概にそうだとは言い切れませんが、彼らはここで徹底的に思いの丈を表に出します。そこでお互いに本音、本心を言い合います。そうすると、歩み寄りの余地がないわけではない、あるいは実は根本的には見解の相違はなかった、ということがわかる場合があります。もちろん、決定的に埋めようのない溝があったことがわかる場合もあります。

　そこでお互いに**'I agree to disagree.'**（意見が合わないことに同意する）と言えるようになれば、逆にグッと親しくなれます。実はここが交渉の出発点なのです。

　後で触れますが、実はイギリス人も角が立つような表現は好まず、アメリカ人のようにズバッと切り込んでは来ません。感情もあからさまに顔に出しません。イギリス人の反応をアメリカ人と同じように、「言ったことがすべて」と受け止めていると、いつまで経っ

ても本音が理解できません。イギリス人は特に、相手
の要望や要求に応えられないときに角を立てないよう
な遠回しな言い方をします。

　某ジェントルマンズ・クラブに入会申請したアメリ
カ人が、申請が受け付けられたので、てっきり会員に
なれると思って待っていたのですが手続きが一向に進
みません。問い合わせると決まって「ただ今審査中で
す」という返事が。「ただ今審査中です」を丁重な入
会のお断りと理解するのに数カ月要した、という話が
あります。

　口論することを薦めるわけではありませんが「親し
くなるために口論する」くらいの心構えがないとグ
ローバル社会ではとうてい生き残れません。相手が職
場の同僚や上司、部下でも配偶者でも何でもなく、例
えばたまたまバーなどで隣り合わせになった人なら、
あえて議論を戦わせることもないでしょう。しかし、
相手と何らかの共通の目的に向かって時間と空間を共
有している場合は、その場で相違点を表面化させるこ
とを怠ってはなりません。コミュニケーションを成立
させることなくして何の学習も前進もあり得ません。
<u>対立はむしろ学習の機会なので積極的に挑むことが必
要です。</u>

　見解の相違があるようだ、と認識しておきながら
放っておいて、後になってまた似たような場面に遭遇
したときに「実はあのときは云々」と言うと、「ならば、

なぜあのときにそう言わなかったんだ？」というのが大方の反応でしょう。極端な場合には「それは卑怯だ」と判断されます。これはイギリス人の最初の伴侶に指摘された筆者の苦い経験に基づくものです。

　また、相手が怪訝そうな、あるいは浮かない表情をしている、言い方がどうもなめらかでない、というような言語外の情報に敏感に反応し、何か悩みでもあるなら言って欲しいという純粋な気持ちで**'(Is) something wrong?'**と問いかけて、その場で対応したいという自分の意欲、意思を表明します。そうすると相手が喜んで内心を打ち明ける可能性が高まります。<u>これだけでほとんどの問題は表面化する前に処理できます</u>。つまり時間とエネルギーを無駄にせずに済むわけです。

　もし、そこで相手が何も打ち明けず、問題が深刻化した段階で話し合いとなった場合には「あのときにこちらから何か問題はないのかと訊いたではないか？なぜあのときに言わなかったんだ？」と言えます。しかし、これを相手の非難に使うのではなく、「彼（彼女）はなぜあのときに言わなかったんだろう？」と自問しなければなりません。これが**'Put yourself in other people's shoes!'**の実践です。

　私たちが遭遇する問題の多くはその解決方法にマニュアルがなく、従って唯一こうだという正解もあり

ません。だからこそ人生は面白いのですが、問題や対立が純粋に言語、文化の相違に基づくものなのか、伝達すべきことが全部伝達されていなかったといったテクニカルなことが原因なのか、個人的な家庭の事情によるものなのか、共通の目的意識を持っていないことによるものなのか、などの根本原因を冷静に見つめる必要があります。

現実には複数の原因が複雑に絡み合って問題が生じていることが多いものです。まず、問題の本質を特定する必要があります。それは自己を確立したうえで相手の立場からも問題を見つめることが出発点となります。問題の本質がわかれば、その対処に優先順位を付けられます。さらには、特定の個人にだけ生起する問題ではないとわかれば、同じような問題が生起しないよう組織全体に警鐘を鳴らせます。

こうした日頃の不断の取り組みが生き生きとした組織を作り上げます。これは国境を越えて普遍的に言えることでしょう。グローバル・シチズンにはこのスキルが求められます。

強烈な好奇心

イギリスに移り住んでもう30年にもなろうとしていますが、筆者は未だにクリーニング店のサービスには納得できません。シャツの袖口のプリーツがきれいにアイロンがけされてなくグシャッと押しつぶされて

返ってくるのが当たり前。ボタンが割れていたり色落ちしていたりしても何の責任も取りません。王室御用達の超高級クリーニング店ジーヴスに出しても結果は同じ。「割り増し料金を払ってもいいからきれいにやってくれ」と言っても受け付けません。最初の頃はクリーニング店に文句タラタラ、腹立たしい日を過ごしたものです。どこに行っても日本並みの仕上げは望めないのだと知ったときには、帰国することも考えてしまいました。

　地下鉄のサービスもしかりです。イギリス人は何でも古いものが好きなので地下鉄も古いまま。路線によっては40年以上前の車輌をだましだまし使っています。途中で行き先が急に変更になったり、全員下車させられたり、信号機の故障による遅れはしょっちゅう。ダイヤなるものがそもそも存在せず、運転士組合の都合で運行されています。サービスは一向に改善しませんが、毎年料金だけは上がります。
　これが常態で誰も文句を言いません。若かった頃は、「こういう不合理に何の疑問も抱かず、羊のように振る舞っているイギリス人のようにはならないぞ」と息巻いていたものです。

　日本では当然のことが海外ではそうではないケースはいくらでもあります。しかし、それを克服しなけれ

ば生きていけません。そこで冷静になって「なぜだ」という問いかけができるかどうかが分かれ目です。

　なぜシャツの袖口がグシャグシャなのか、なぜ地下鉄は「適当な」運行なのか。まずはイギリスのクリーニング店は「イギリスの」クリーニング店で、ロンドンの地下鉄は「ロンドンの」「イギリス人の」「イギリス社会の」地下鉄であって東京の地下鉄とは別物だということを受け入れる必要があります。次に「なぜこれが常態なのか」という探究心を呼び起こさなければなりません。

　そうすると必然的に、文句を言う客はいないのか、クリーニング店の経営者はイギリス人なのか、どうやってアイロンがけをしているのか、どこのメーカーのマシンを使っているのか、他のサービス業界と比較してどうなのかという疑問が湧いてきます。地下鉄については、ロンドンの地下鉄の歴史、ロンドンの行政、運行会社と組合の力関係、イギリス人の国民性といったことに興味が湧いてきます。

　さらに、そこで終わってしまっては道半ば。なぜ日本のクリーニング店はプリーツの仕上げがきれいなのか、なぜ東京の地下鉄はダイヤどおりに運行されているのか、なぜピカピカなのか、というように母国の当たり前を問い直すきっかけにしなければなりません。海外で暮らすことの意味はここにあります。

　こうなると毎日が楽しく過ごせます。こういうこと

を考える機会を与えてくれたイギリスのクリーニング店、ロンドンの地下鉄に感謝したい気持ちになってきます。

多様性こそは人間社会に与えられた貴重な財産なので、抱きしめるくらいの気持ちで臨みたいものです。ただ、最近は日本に帰った際、数秒違わず発着する新幹線などに、むしろ不気味な感じを抱いてしまいます。

海外メディアの積極活用

グローバル・シチズンは、日本にいてもネットでアクセスできる海外のメディアによる報道に目を向ける必要があります。理由は3点あります。

まず第1に、バイアスの調整です。日本のメディアによる日本語での報道は日本の最大公約数あるいは日本の特定の対象に向けたものであり、意識する、しないにかかわらず、何を報じ何を報じないかという段階ですでにバイアスがかかっています。自然災害や航空機事故などの報道でさえ、バイアスがゼロということはあり得ません。もちろんこれは日本に限ったことではないのですが。

フランスを拠点にした「国境なき記者団」という非政府、非営利団体が世界の新聞記者、ジャーナリスト、法律家、人権擁護活動家などにアンケートを取り、各国のメディア報道が政治圧力などに屈せず、どの程度

自由に報道しているかをランク付けした「報道の自由度ランキング」というのがあります。

2020年の同インデックスでは、ノルウェー、フィンランド、デンマークの順でトップ3にランクされています。イギリスは35位、アメリカは45位、日本は66位で、前年から1ランク上がっていますが、「記者クラブの閉鎖性と、どこにでもあることだが大口広告主への忖度の比重が高い」と指摘されています。このインデックスの客観性が担保されていないにせよ、ひとつの指標として参考になります。

筆者はロンドンに住んでいるのでBBCの報道は気になりますが、かつてBBCのワールドサービスは予算が外務省から出ていました。プロパガンダではないのを装うのが非常にうまいのですが、これはれっきとしたイギリスの支配者層の宣伝放送局であり、そうなのだと知ったうえで利用する必要があります。

現在、テレビは5年前に引っ越しを手伝ってくれたハンガリー人のお兄さんにプレゼントしてしまい、まったく見ていません。しかし、ネット上でさまざまなドキュメンタリーや討論番組、講演に触れて間口を広げておくと、小規模な独立系メディアによるハッとするような鋭い分析にも遭遇します。いずれにしても外国のものも含め、日頃から複数国のメディアで情報を得るようにする必要があります。

第2に、ある国に関わる報道はその国のメディアによる報道を無視して語ることができないからです。

　ロンドンで英字紙を中心に日本に関する報道を目にしたときに、同じことが日本でどう報じられているかには当然関心を持たざるを得ません。また、世界的にインパクトのあるネタ、例えばNSA（米国家安全保障局）を筆頭にした米国当局による広範な諜報・盗聴活動をアメリカが、そしてイギリス、ドイツ、フランス、ロシア、中国などのメディアがどう報じているのか、さらにはインド、シンガポール、タイなどのメディアはどう報じているのか、ということをちょっとでも調べるとそれぞれの国らしさを垣間見ることができ、非常に勉強になります。

　世界の主要都市には最低1紙は英字紙があります。そのほとんどがネットでアクセスできるでしょう。常日頃からこれを利用しない手はないと思います。タイ語が読めなくても『バンコクポスト』が読めれば、世界観がグッと広がります。

　第3に、日本のメディアだけに頼ることの問題点は「日本のメディアは世界で競争していない」という点です。競争のない世界に、考えさせられるような鋭い分析や斬新な視点は期待できません。世界的な影響力を持った識者や有力者が自分の意見や見解を日本のメディアに発表することもほとんどありません。貴重な

時間を割いてインタビューを受けても日本語のメディアに載るだけではインパクトが限られるからです。日本の新聞社からインタビューの依頼を受けているのは大半がすでに第一線を退き、「元」「前」の肩書きが付いた人たちです。

　日本語の新聞と言えば日本以外にはほとんど存在しないのではないのではないでしょうか。ロンドンでも日経、読売、毎日、朝日、産経などの主要紙は手に入りますが、購読者数は極端に限られます。その他にも日本語の新聞は数紙発行されていますが、これらは日刊ではなく週刊で、現地の日本人社会を対象にしたコミュニティ紙です。ブラジルには土日なしの週5日発行（夕刊なし）の日刊紙が1紙ありますが、海外の日本語の日刊紙と言えばその程度でしょう。

　言い換えれば、読売、毎日、朝日などは国内でしか競争していないのです。しかもこの主要3全国紙の月間購読料は朝夕刊セットで4037円（税込）と、申し合わせたように横並びでしたが、2019年1月から読売新聞が4400円（税込）に25年ぶりに値上げし、朝日、毎日が追随するのは必至と見られています。そして読むほどの内容がほとんどない夕刊を相変わらず出しています。

　記者も編集者もまず100%日本人で、同じような教育を受け、似たような思想、考えを持っています。ど

の新聞もさして変わりはない、と思っている読者が多いように見受けられます。であれば、購読料を下げて他紙の読者を獲得しようという意欲や他紙より中身を充実させ、価格を上げるという戦略、あるいは仲間を集めて新たな新聞社を起ち上げようという気概は新聞人にはないのでしょうか。

　戦後一貫して現状維持から抜け出していないのが日本の新聞業界です。仮に、中国情報の収集力、分析力に優れ、速報性でも競争力のある日本語の日刊紙が台湾で発行され、これが日本でも買える、しかも日経新聞より安い、ということになれば日本の新聞社も目覚めるのでしょうか。

　それに比べて英字紙は競争が熾烈です。国境を越えて生き残りを図らなければなりません。例えば、超高級経済紙『フィナンシャル・タイムズ』はロイター、ブルームバーグといった通信社ばかりでなく『ウォールストリート・ジャーナル』やアジアでは香港の『サウス・チャイナ・モーニング・ポスト』、シンガポールの『ストレイト・タイムズ』などとも競合します。日本では購読料が非常に高額と聞いており、筆者の知る限りイギリスでも値段を下げたことはなく現在は1部2.9ポンドという最も高い価格を設定しています。

　しかし、2008年の金融危機前より購読者数は減ったようで残念ながら紙面のクオリティーも下がってきて

います。また、これ以上は購読者数が増えない、と判断し売りに出したところ2015年に日経新聞が1600億円という高値で買収しました。『フィナンシャル・タイムズ』の親会社ピアソンの出口戦略は見事、と思いました。また、このとき即座に野村證券による破綻したリーマン・ブラザーズ買収が脳裏に浮かびました。おそらく野村同様、日経も高い買い物をした、という結末を迎えるでしょう。

　それはさておき、まずは日本に関わる報道、よく知っている業界、あるいは関心のある話題に絞って、複数国のメディアが英語でどう報じているか、といったところから始めてはどうでしょう。当然、知らない単語や理解できない表現に遭遇します。そこで諦めず、辞書を引いたりネットで調べたりして内容を把握し、根気よく同じテーマをしばらく追っていると、嫌でもある程度実態が見えてきます。こうした日常の努力の積み重ねを怠ってはなりません。

　付言しておくと、見出し（headline）をパッと見て即座に目を通すべき報道なのかどうかを判断できるようになる必要がありますが、日本語で言うベタ記事にも注意を払わなければなりません。また、最後の方の「……ということもある」という部分に実は記者の伝えたい本音が込められているので、それなりに受け止めた方がいいでしょう。

日頃から世界のあちこちにアンテナを張り巡らせておくとユニバーサル・ユーモアの厚みが増します。

日本を知る、これすなわちグローバル

「イギリスらしさを前面に出すことがグローバルでウケるのだ」

2012年にイギリスで公開された『ザ・パイレーツ！バンド・オブ・ミスフィッツ』という人形アニメ映画がありますが、日本で『ノッティング・ヒルの恋人』などでも知られる二枚目俳優ヒュー・グラントが主役の声を担当しています。この映画の公開に先立ち、TVインタビューで彼が語ったのが冒頭のコメントです。

イギリスは国内のマーケットが小さいのでミュージカル、映画、演劇、TV番組、音楽といったエンターテインメント産業は国内で大成功しても世界的には大した注目を集めず興業収入も限られます。

古くは音楽界で言えばビートルズ、ローリング・ストーンズなどが世界的に有名になったのはアメリカのマーケットで受け入れられたからです。労働者階級出身のイギリスのミュージシャンがエスタブリッシュメントに反逆するような長髪で登場し、アメリカのブルースも取り入れたシンプルな歌詞でユニバーサルに訴えた歌が、新しい価値観を求める60年代のアメリカの若者文化とピッタリとマッチしたからです。

　比較にならないくらいスケールの大きいアメリカ市場で成功すれば一躍世界の大スター、大金持ちになれます。もっと前にはチャーリー・チャップリン、エリザベス・テイラー、ボブ・ホープなど、アメリカで成功した多くのイギリス人がいますが、ほとんどがアメリカに移住しアメリカ人として活躍しました。

　こういう大成功の経験があるのでイギリスのエンターテインメント産業は、プロデューサー、脚本家などが最初からアメリカ受けを狙った作品を制作する傾向があります。しかし、アメリカのマーケットを子細に研究し、必ずアメリカで大人気を博すはずだと思って制作したものが必ずしも成功しないのです。否、むしろそういう作品は鳴かず飛ばずで終わってしまうことが多いのです。

　ヒュー・グラントのコメントはこういう反省を踏まえて、変にアメリカ受けを狙った、アメリカに媚びるようなものではなく、イギリスのストーリー、イギリスの持ち味を素直に出したものが結局はグローバルでウケるのだ、というメッセージなのです。オックスフォード大学で英文学を学んだヒュー・グラント、なかなか鋭いなと感心したものです。

　このことはまさに日本にも当てはまります。アメリカがどんなに逆立ちしても日本に勝てないのが、日本という国の長い歴史、固有の文化、伝統、価値観など

です。彼らにはこれらのものがないので羨ましくて仕方がないのです。

イギリスはかつて世界を制覇し、英連邦諸国にほぼ共通した言語、似たような政治・法制度、教育制度などを遺産として残しているので、イギリスものが受け入れられやすいマーケットが世界中にあります。この点では日本は勝てません。しかし「日本らしさ」は日本以外の世界のどこにもないので、これはフランスやロシア、中国でも受け入れられる可能性を秘めているのです。

身近な例を挙げればスシです。スシは今や世界中で食されています。途上国の主要都市にも必ずと言っていいほどスシを出すレストランがあります。スシは海外では特別なときに食べる高級食という位置付けです。これに関連してワサビ、醤油、枝豆、日本産ではありませんが日本米（日本酒は今イチ）の需要が急増しているのです。このスシのグローバル化には、ハリウッド映画にスターがスシを食べるシーンが挿入されたり、ロバート・デ・ニーロが高級和食レストラン「NOBU」に出資したりといったことが、世界のメディアで取り上げられたことも貢献したでしょう。その意味でハリウッドの影響力というものを侮ってはなりません。

ビートルズもスシも最初からグローバル・マーケッ

トでのウケを狙い、それが成功してグローバルで受け入れられるようになったのではありません。もちろんスシの方はビートルズと違って人前で何かのパフォーマンスをしたものがウケたわけではないので比較には無理がありますが、霞ヶ関や大手町の地べたから世界を見るのではなく（そもそも地べたからでは世界が見えませんが）、成層圏からグルッと世界を見渡して「日本らしさ」「日本ならでは」とは何なのかを追求できるのがグローバル・シチズンです。

日頃から型破りに

英語に限らず外国語でユーモアのある表現を、となると、その言語にかなり精通していないと難しいように感じるかもしれませんが、決してそんなことはありません。ユーモアは定型を知ったうえで、それを破って受け手の意表を突くのが基本です。

例えば、英語では初対面での挨拶はお互いに**'Nice to meet you!'** と言う、と教えられますが、まずこの最初の出会いの瞬間から先手を取る必要があります。

相手が**'Nice to meet you!'** と言ったからといって、オウム返しに同じことを言う必要はありません。日本では初対面の相手や目上の人物を褒めるのは一般的ではありませんが、英語では

'You look so smart!'（決まってますね）

'That's a nice tie!'/ 'I like your tie!'（いいネクタイしてますね）

'You look really distinguished!'（なかなか高貴な感じですね）

という具合に外見を褒めても何ら差し支えありません。相手は素直に喜ぶでしょう。ただし、同性の場合はあまりにも興味津々な目で見つめながら言うと勘違いされる可能性があるのでご注意ください。

女性を褒める場合も似たようにやればいいのですが、特に美人は普段から

'pretty'、'beautiful'、'wonderful'

とさんざん言われているので、「またか」とあしらわれてしまうのがオチです。美人に向かって「美人ですね」と言うのはむしろ疎んじられます。これは別に英語に限ったことではありません。

若くて実に可愛いと思っても**'cute'**は避けてください。この言葉は「おつむが足りない」「成熟していない」とほぼ同義なのです。特に、ブロンドに対してはブロンドというだけで中身がないことと結び付けられがちなので**'cute'**は御法度と言ってもいいのです。男性に**'You are cute!'**と言われたときは素直に喜ばない方が賢明です。

褒めるとすれば観察眼鋭く、

'Your suit and shoes...very classy. A good taste!'（あ

なたのスーツとシューズ、とても品がありますね。趣味がいいですね）

　などとセンスの良さを讃えれば印象に残るでしょう。

　なお、'cute'には例えば、ロボットが先回りしてこちらより賢いことを言ったような場合に「なかなか可愛いこと言うじゃない」と皮肉を込めた使い方もあります。

　世界的に日本人はreserved（控え目）、polite（礼儀正しい）、quiet（おとなしい）と思われています。決して悪い評価ではないのですが、外国人と接するときに、相手が話しかけてくるのを待っている人が多いのではないでしょうか。笑顔を振りまきながら名刺を配ってまわるようなセールスマンみたいな真似をすることはありませんが、こちらを日本人と認識している相手に先に話しかければ、それだけで相手の意表をつけます。

　初対面の相手とホテルのロビーで会う約束をしたような場合に、それと覚しき人物を認めたら、こちらから近寄り、

'You must be Mr Allen?!'（アレンさん……ですね?!）

　と声をかける方が親切です。

　大きな業界の会議、セミナーなどでは参加者が胸に名札を付けています。こういう場合にたまたま隣り合わせになった相手に**'What is your name?'**などと警察

官の尋問のような訊き方をすべきではありません。名札に目をやりながら

'You are…?'

と相手が自ら名乗るように仕掛けると

'Bond. James Bond.'

と答えてくれます。

　ちょっと付言しておきますと、同じ職場の同僚などに **'Good morning, Mr Tanaka!'** と言われて、**'Good morning!'** と受け答えしているようでは仕事がはかどりません。一世代前まではイギリスでも職場ではMrに姓を付けて呼び合っていましたが、今やファーストネームやニックネームで呼び合うのが当たり前。特に管理職は、まず日常接する社員全員の顔とファーストネームを覚えると同時に、自分のファーストネームやニックネームを覚えてもらう必要があります。

　朝の忙しいときに

'How are you this morning, Mr Tanaka?' と言われたからといって、教科書どおりに **'I'm fine, thank you. And you?'** などと呑気な挨拶をすることはありません。肝心なのは **'John!'**、**'Mike!'**、**'Mary!'**、**'Amanda!'** と相手の名前を呼んであげることです。この場合も、向こうから言われる前にこちらが先に言うのです。**'Good morning!'** はむしろ言う必要がありません。そうすると向こうが「話せる相手だ」と思い、グッと心

理的な距離が縮まります。

こういうのをビルの守衛さんや受付の女性にも実践するのです。彼ら、彼女らは会社に出入りする人たちの顔と名前を全部頭に入れており、社内の噂、評判など貴重な情報を仕入れています。親しくなれば、こちらが訊かなくても向こうからいろいろ教えてくれます。場合によっては別途、裏を取る必要があるかもしれませんが、情報網はあちこちに張り巡らしておいて損はありません。

どこまでもひねくれる

日本語では、どしゃ降りでずぶ濡れ、あるいは雨の日が続いているような場合に「よく降りますね」などと言うのが決まり文句でしょうが、あまり歓迎できない現実をあえて追認するような表現を一体誰が喜ぶでしょうか。こういうときにこそ、

'What a nice day!'（いい天気ですね）

などと、逆のことを言えば少しは気が晴れるというものです。

気温が40度近くまで上がる真夏日には

'What a great sauna experience! And it's free of charge. It would be perfect if the mayor comes out and sprinkles water on the pavement.'（気持ちいいサウナだ。しかもタダだ。市長が出てきて歩道に打ち水でもすれば完璧だ）

状況が良くない、不利なときにこそユーモアが求められます。

　結果、業績が思わしくないときに、

'How wonderful/nice!'（なかなかいいね）

　飽き飽きするような講演、授業には

'How exciting/stimulating/insightful!'（興奮したね/刺激的だったね/奥が深かったね）

　汚いもの、ものが散乱しているのを目の前にしたような場合は

'What a beautiful sight!'（いい眺めだ、素晴らしい光景だ）

　手際が悪く、いつまで経っても順番が回って来ないような場合には

'What a smooth service!'（実にスムースなサービスだ）

　というようにWhatやHowの感嘆詞を使った表現で皮肉れば、それだけで面白いヤツだ、ということになります。精神衛生上もいいはずです。

　実際に自分に直接悪影響が及んでいる場合には

'Thank you very much!'

　の４語をそれぞれ一語一語分けて、ゆっくりと強調しながら付け加えるのもいいでしょう。

　WhatやHowを使わずに

'I/We have never heard such a great speech!'（こんな素晴らしいスピーチは初めて聞いた）

'I/We have never had such tender steak!'（こんな柔らかいステーキは食べたことがない）

'I/We have never encountered such a brilliant presentation!'（こんな素晴らしいプレゼンテーションは初めてだ）

というように、これまでに経験したことがないという言い方で皮肉ってもいいでしょう。この場合、I/We haveは省略して構いません。

ゴルフで自分が打ったボールが思いっきりスライス、あるいはフックした場合でも、「クソ、またか！」といったような、下品な表現を使うより

'What a good shot!'（何ていいショットだ）

と言う方がスマートです。

ゲームなどで、打った手が相手の思うつぼだったというような場合に

'What a smart move!'（何ていい手だ）

あるいは自分のバカさ加減を

'How clever!'（何て頭がいいんだ）

という表現で「褒め称える」のもいいでしょう。

実際に好天の日に誰かがWhat a nice day!と言ったら

'I wonder how long it will last.'（いつまでもつやら）

けっこうベテランのサッカープレイヤーが見事なキックをゴールに蹴り込み、解説者が

'What a superb kick!'（素晴らしいキックだ！）

　と言ったら

'Maybe that'll be the last one in his career.'（彼のキャリアでは最後かもしれない）

　かなりお年を召したと覚しき超セクシーな女性を見たら

'I wonder how many times she's gone under the knife.'（何回くらい手術を受けたんだろう）

　とひねくれるようになれば、かなりユーモア感覚が身に付いていると言えるでしょう。

英語ベタを逆手に取る

My English is not very good.

　会話の最初に「私は英語があまりうまくありません」と言う人がいます。「難しい言葉や表現を使われると理解できませんので、どうぞお手柔らかに」という予防線のつもりなのかもしれませんが、日本人は英語が得意でない、というのは世界中に知れ渡っているので、そもそも誰も流暢な英語を期待していません。言われた相手は「言われなくても承知しています」「別に驚きはしません」というところでしょうが、儀礼的に

'You speak good English.'

　と、こちらを持ち上げるかもしれません。すると

'No, my English is very poor.'

　と、改めて強調したりします。

　相手は「単なる謙遜なのか、それともあまりこちらと会話することを望んでいないということなのか、なぜヘタなことをあえて強調するのだろう」と思うかもしれません。うまいかヘタかはちょっと話せば、見当が付きます。こういう受け答えは話を聞こうという相手の気持ちを削ぐ効果しかないのではないでしょうか。むしろ言わない方がましです。

　どうも日本人は英語での会話になると自分が話すことで精一杯で、自分の言っていることが相手にどう受け止められているかまで気が回りません。これでは子供扱いされても仕方がありません。

　こちらがまあまあの英語を話すと相手が感心して
'You speak good English.'
と言われることもあるでしょう。
'Oh, thank you!'
と素直に受けてもいいのですが、相手がネイティブでも
'So do YOU!/YOU speak good English as well!'（あなたもうまいですね）
と茶化すと軽妙なキックオフになります。さらに
'For how many years have you learned English?'（何年間くらい英語を習ったんですか）
とたたみかけてみてはどうでしょう。すると

'Since I was 3./All my life.'（3歳のときからです/人生このかたずっと習ってます）

　という答えが返ってくるかもしれません。これに、

'No wonder!'（どうりで）

　で締めくくって話を先に進めます。

「やっぱり」の追放

　日本語の会話の中で最も頻繁に登場する言葉のひとつに「やっぱり」があります。

「やっぱり」を挿入すると、あたかも日本語が流暢に聞こえると思っているのか、外国人の中にも「やっぱり」を多用する人がいます。筆者は「やっぱり」を日常会話から追放してしまうことをお薦めします。

「やっぱり」というのは相手の発言を受けて、その内容が「意外ではない」「思ったとおりだ」と受け止める際に使われています。相手との意見対立はない、という意思表示です。自分の意見、主張なりを披瀝する際に、冒頭に「やっぱり」を持ってくる場合もあります。「やっぱり和食が一番おいしいね」というような使い方です。この場合、後に続くのが「一般に予想されている」「あなたも同意されると思う」「諸般の事情からして当然の」「よく知られた」陳述だ、ということを示す、いわば枕詞になっています。

　ここでは話し手の側に、そもそも相手との対立を望んでいない、あるいは確信がないからか、それとなく

相手の同意を得ようというような心理が働いていることが多いのではないでしょうか。深層には相手の見解を自分の方に近づけさせようという意識があるようです。そこで相手に何かを再確認、再認識させたい、あるいはあたかもそのようなものだと提示したい、という場合にほとんど無意識に使われています。聞く方も「やっぱり云々」と言われると何となくガードを下げてしまいます。大衆に迎合せざるを得ないテレビ番組のプレゼンターなどが多用するのもむべなるかなです。「やっぱり××が一番！」というようにコマーシャルで多用されるのもそのためです。

　そこで当然ながら「やっぱり」に続く表現にはほとんど新味がなく、傾聴には値しないのが普通です。「やっぱり云々」と言われると、そう思っていないのは、あるいはそのことを知らないのは自分だけなのか、と不安にかられるお人好しもいるでしょうが、「やっぱり」が多くちりばめられた発言は、むしろ疑ってかかった方がいいと思います。
　日本では報道番組でも司会者、解説者同士で「やっぱり」「そう（なん）ですね」といったやり取りをしています。こういうのを無批判に受け入れ、送られてくる情報があたかも世の総意、従って正しいことであるかのように誤解しているケースが多いのではないでしょうか。

天気予報にさえ男女のキャスターを登場させて、「そろそろ梅雨も明けて欲しいですね」「はい、そうですね。やっぱりジメジメした日が続きますと云々」というようなやり取りをさせることに、筆者はかなり腹が立ちます。メディアが受け手にメディアの側が総意と判断することを押し売りしようとしている、と感じるからです。送り手の側には押し売りするつもりで使っているという意識がないので一層始末が悪いのです。少なくとも報道番組では「やっぱり」を使用しない日を月に1回でも実行してみたらどうでしょうか。

「やっぱり」に相当する英語の表現を強いて挙げれば**'y'know'**でしょうか（思い直したときの「やっぱり」に相当するのは**'on second thought'**）。**'y'know'**を連発している発言をよく聞いていると、「やっぱり」を多用するのと同様に内容が薄っぺらです。インタビューに答えるスポーツ選手の発言などに頻繁に登場します。単なる感想に過ぎない場合がほとんどです。まともな討論会では**'y'know'**は一切使われません。

　私たちも口をついて出そうになる「やっぱり」を一度呑み込んでみてはどうでしょう。そこで、思考を起動させ「やっぱり」の後に言わんとしたことを自問、整理する習慣を付けるのです。そうすることで、以前より中身のある会話ができるようになるのではないでしょうか。

　これができず「やっぱり中毒」におかされていると、

既成の体制、法律、規制、規則、枠組み、概念・解釈などがなぜ存在するのか、将来も存在する必要があるのかを問うこともなく、それらへの盲従、踏襲、せいぜい焼き直しで事足れり、となってしまいます。

「やっぱり中毒」は不確実性や不安を回避したい、というごくありふれた人間的な欲求の裏返しでしょう。かなり難しい言葉を操る知識人や政治家、高級官僚などにも、思考を停止させてしまった「やっぱり中毒」症におかされた人たちがいるので、感染しないように注意が必要です。

日本では個人間の意見の対立、摩擦を避けようとする傾向が強いせいか、「やっぱり云々」という発言を何の疑問も抱かずに受け入れてはいないでしょうか。そもそも権威や権力を批判や打倒の対象として捉えるよりも、素直に受け入れようという姿勢の強い国民性なので、その道の専門家や「先生」の発言は「拝聴」するものであって挑戦するものではないという「従順さ」が尊重されがちです。

「やっぱり中毒」はハンナ・アーレントの言う「悪の凡庸さ」におかされた全体主義体制への道につながるおそれがあるので、この点でも意識して自らイエロー・カードで制する必要があります。

多様な価値観が混在する世界で生き残ろうというグローバル・シチズンは「やっぱり中毒」にかかっておらず、媚びることも傲慢になることもなく、自分の考

えを自分の言葉で、まずは日本語で明瞭に語れなければなりません。これなくして他言語でのまともなコミュニケーションもあり得ません。

また、「やっぱり罹患者」だらけの社会の未来には退廃が待っているようです。

受動態に甘んじない

雨に降られた、将来有望な社員にやめられた、ガールフレンドに待たされた、女房に逃げられた、といった具合に日本語には自動詞の受動態表現があります。自分がコントロールできない事象によってやむなく都合の良くない事態に追い込まれた、というような場合に自然に使われます。

筆者のやや個人的な体験と密接に結び付いているかのような例を挙げましたが、「雨に降られた」場合は英語でも **'I got drenched.'**（びしょ濡れになった）というように、典型的な受動態表現ではありませんが **drenched** という過去分詞を使います。しかし、他の例では、**'I had to wait for my girlfriend.'**（ガールフレンドを待たなければならなかった）、という言い方になり、有能な社員にやめられた、女房に逃げられた、という場合も **'My wife/A promising employee walked out on me.'** と能動態で表現します。

「雨に降られた」は「ガンで妻に先立たれた」「風で

吹き飛ばされた」「津波に押し流された」などと同様、コントロールできない事象が要因になっているので、これは致し方ないところです。しかし、「将来有望な社員にやめられた」「女房に逃げられた」場合も同列に扱っていいのでしょうか？　胸に手を当ててよく反省すべきことでしょう。

　自分にとって良くない事態が発生すると、置かれた境遇を嘆いたり、自分を哀れんだりしがちです。時間の経過とともに事態が改善することもありますが、こうした被害者意識を捨て去らない限り新たな途は開けませんし、また同じような危機に遭遇することになるでしょう。

　被害者意識は責任回避と密接に結び付いています。メディアでよく使われている「失われた10年、20年」という表現を何の疑問も抱かずに受け入れてはなりません。10年、20年を失ったのは決して自然現象によるものではありません。

猜疑心を研ぎ澄ます

　2013年4月、日本とNATO（北大西洋条約機構）が協力関係の強化を盛り込んだ共同政治宣言を発表、という報道がありました。ラスムセンNATO事務総長がわざわざ当時の安倍首相に会いにきているのです。こういう報道に対して「ああ、そうなの」という反応で済ませてはなりません。

NATOというのは冷戦時代の遺物、しかもアメリカ主導でヨーロッパ諸国がソ連を中心とした共産圏に対抗するために結成された軍事同盟です。日本は加盟国でも何でもありません。なぜNATO事務総長が日本に来たのか、なぜこの時期に来たのか、どちらが持ちかけたのか、なぜ日本とNATOが協力関係を強化するのか、なぜヨーロッパのメディアは報じていないのか、といった疑問を抱かないと世界が見えてきません。

　こういう話題はビジネスに直接的な関係はありませんが、少しでも勉強しておくと、話のネタが増えます。仕事の話しかできないようではその程度の相手しか寄ってきません。

　世界には実に多様な文化、価値観が存在します。自分を成層圏に打ち上げても、いつも慣れた同じ軌道に乗っていては先入観に凝り固まってしまい、見るべきものが見えてきません。見るためには能動的、自主的に軌道を変えなければなりません。そうすることで同じ事象が別の角度から見えてきて、嫌でも「なぜだ」という疑問が湧いてきます。

　日本の報道機関はもとより、外国の報道機関による情報発信に対しても常に「本当にそうなのだろうか」「なぜ今なのだろうか」と頭の上に「？」マークを描くという健全な猜疑心を持って受け止める必要があります。そもそも知られたくない、表沙汰になってはまず

いという情報にこそ価値があることを忘れてはなりません。

旨いものを自分で探す

　日本人はイギリス人と違って舌が肥えているので安くて旨い、心のこもった料理を出す店を探すことに熱心です。いろいろな店を調べて実際に自分で行ってみたりします。そういう店は大通りに面していずに、ひっそりとした裏通りでこぢんまりとやっていることが多いものです。しかし旨い店は宣伝しなくても客の方が知っているので常連客でいつも賑わっています。海外に出たときも旨い店探しをひとつの楽しみとしている人もいるはずです。

　この前向きな探求心を食べること以外にも振り向けなければなりません。例えば知らない企業について「そんな会社は聞いたこともない」で終わりにしては、その人の世界はそれ以上広がっていきません。

　英語のEメールや電話にまともに応対できず、いちいち日本語の資料や契約書を作成しなければならないうえに責任者が誰なのかはっきりしない、さらに決断も遅い日本人や日本企業と本気でビジネスをやろうというのんびりとした時代はとうに過ぎ去りました。

　あえて日本にまで持ち込まれる相談においしい案件は何ひとつない、と思った方がいいのです。本当にお

いしいところは皆が先に手を出して食い尽くしているので、残り物にろくなものはないのです。口を開けて待っているだけの者にはそれなりのものしか回ってきません。一方で、おいしいものを食べたいと涎を垂らしていると、そこを見透かされて吹っかけられてしまいます。

投資商品しかりです。日本に上陸する商品は、他で売れなかった、ピークを過ぎた、あるいはついでに日本の投資家に嵌めてみようという欲の皮の突っ張った連中が売り込みに来ていると思った方がいいのです。

どこの社会でも悪人より善人の方が多いはずですが、善人の振りをした悪人がゴロゴロいると覚悟しなければなりません。グローバル・シチズンは、そこに積極果敢に切り込んでいく必要があります。相手の素性がわからないから怖がるのではなく、よくよく言動を観察し第三者の持っている情報も使って自ら判断しなければなりません。これが世界のスタンダードなのです。

旨い話には落とし穴が控えていることも当然あります。世界の名だたる金融機関でも年間のROE（自己資本利益率）が40%を超えるようなところは、かなりあくどいビジネスを展開していると思って間違いありません。「正しい」英語の表現にばかり気を取られ、事象を客観的に分析できないと足元をすくわれます。

相手への気配り

自分の言おうとすることにばかり気を取られていてはグローバル・シチズンになり得ません。自分の英語がちゃんと伝わっているかどうかだけでなく、相手がどう受け止めているかについても注意を向けなくてはなりません。相手に対して失礼になっていないか、気を悪くさせるようなことを言っていないか、相手の目や顔つきを仔細に観察して反応を見極める必要があります。それくらいの繊細さがなければグローバルでいい仕事はできません。

　特に、こちらが上司あるいは大人同士となれば、よほど親しくならないとあえて注意はしてくれません。教師も気が付いていなかったり、教科書に書いてないことも多々あります。辞書に書いてあることがすべてだと受け取ってはいけないのは言うまでもありません。むしろ日本語と英語で意味が完全に対応する言葉や表現は少ない、というくらいに思った方がいいでしょう。ここでは中学生でも知っている簡単な英語の表現が、相手にどのように受け止められるか、いくつかの例を挙げてみます。

幼稚な'Me too!'

　例えば、レストランで同席している人がメニューを見ながら**'I would like roast beef, please!'**とローストビーフを注文したとしましょう。自分もローストビーフが食べたい、と思ってウェイターに**'Me too!'**と声を

かけてしまうのはぜひとも避けたいところです。「子供っぽい人だ」と思われるのがオチです。就学前の幼稚園児ならまだしも大のおとな、それも会社経営者、管理職が使う表現としてはふさわしくありません。

'I would like roast beef too, please!' と自分の言葉で伝えたいものです。あるいは前の表現を受けて**'So would I, please!'** と言ってもいいでしょう。

So を使って「自分も」という場合は、前の者が使った動詞・助動詞を覚えておいて、それに呼応する言い方をする必要があります。

'I prefer coffee.'→'So <u>do</u> I!'

'I am an optimist.'→'So <u>am</u> I!'

'I stayed at Mandarin Oriental.'→'So <u>did</u> I!'

否定文に対しては

'I am not a member.'→'Neither <u>am</u> I!'

'I didn't go to the conference.'→'Neither <u>did</u> I!'

'I won't take the issue too seriously.' → 'Neither <u>will</u> I!'

という具合なので、しっかり耳をそばだてていなければなりません。

確信が持てない 'I think so (too)!'

あることについて他の人と意見、見解が同じだという場合に「私もそう思います」という日本語の表現が

頭に浮かぶので、それをそのまま英文にし、**'I think so too.'**でいいのだと思われる読者も多いのではないのでしょうか。

　確かに文法的にはどこも間違っていませんが、**think**は断定しがたい場合に適切なので**'I think so too.'**は**「私もそうじゃないかと思います」**というニュアンスになります。「賛成！」「同感です！」「異議なし！」という強い同意ではないのです。両手を挙げて賛意を表したい場合は**'I agree!/No objections!'**の方が適切です。「そのとおり」と言いたい場合は**'Absolutely!/Precisely!'**という言葉があります。

　'(I) couldn't agree more!'という言い方もあり、この場合、主語は省略されるのが普通です。**「これ以上は賛成のしようがない」**といったニュアンスの表現で、仮定法を使って比較級を否定することで最上級の表現にします。こうするとだいぶ表現が豊かになります。
　同じ手法で
　'(I) couldn't concede more!'（これ以上は譲れない！、譲れるところまで最大限譲っている、という意味）
　'(I) couldn't be more transparent!'（これ以上透明度を高められない！）
　'(It) couldn't be better!'（最高！）
　例えば、すでに終了したプレゼンテーションのコメ

ント、ということであれば

'(It) couldn't have been better!'（あれ以上のいい
デキはない！）

'(It) couldn't have been more persuasive!'（あれ
だけ説得力のあるものはない！）

と**have**を補って**be**を過去分詞の**been**にすればいい
のです。

thinkは断定しがたい、という場合だけでなく相手
に押しつけがましくならないようにしたい、自分の見
解、主張を弱めたいという場合に適切なので、プレゼ
ンテーションの最中に誰かに内容の確認を求められて
'I think so.'を使うと、自信がないのかと思われて説得
力がガクンと落ちてしまうので気をつけましょう。

どこで習ったのか
'How do you think?'

'I think China will find it difficult to attain even 5%
plus annual GDP growth in the next few years.'（中
国は今後数年間、5％強のGDP成長率を達成するのも
難しいと思います）と振って、これに対して相手の考
え、見解、意見を訊こうというときに、「あなたはど
う思いますか？」という文を思い浮かべて「どう」な
らばhowだなと、**'How do YOU think?'**と言ってしま
う人がいます。これはネイティブなら絶対に言いませ
んし、この文脈ではそれ自体奇異に受け止められる疑

問文です。

　しかし、大半の人はこちらの考えを訊きたいのだな、という意図を汲んでくれ、それなら'**How**'ではなくて'**What**'にしなければならないよ、などとあえて教えてはくれません。日本の学校ではそう教えているのかな、と思う人がいてもおかしくありません。

　Howは「ある状況、状態がどうなのか」という場合、あるいは「どのように<u>して</u>」「どう<u>やって</u>」という方法、手段を問う疑問詞なのです。

　例えば、'**How can China maintain its social stability?**'（中国はどうやって社会的安定を維持できるか？）ということについて相手の意見を訊きたいときに、'**do you think**'を挟み込んで'**How do you think China can maintain its social stability?**'と言うぶんには問題ありません。

　同様に'**How do you think traditional publishing houses can survive in this internet age?**'（このインターネットの時代に伝統的な出版社はどうやったら生き延びられると思う?）、'**How do you think we can improve the current situation?**'（どうやったら現状を改善できると思う?）、'**How do you think anyone could（possibly）cut down the wasteful public sector?**'（〈一体全体〉無駄の多い公共部門を誰がどうやって縮小できると思うか？〈誰もできないだろう、という含意〉）、'**How do** you think this book will sell more?'（どうやったらこの本はもっと売れると思うか？）などであればOKです。

'What do you think?'が出てこないのは日本の英語教育ではそもそも英語で意見を言い合う練習をしていないからかもしれません。

ちょっと付言しておきますと、最初に自分の意見を披露した後で相手がどう思うか、つまり「私はこれこれと思うが、あなたは？」というように「は」が対比で使われている文脈では「あなた」を強調してyouを強め、'What do YOU think?'と言うのが適切です。

Thinkばかりでは Think 不足

「……と思います」と言いたいときに、いつもthinkを使っていると、表現が貧弱だという印象を抱かれてしまいます。

「ちょっと時間には間に合いそうもありません」というように、好ましくないと判断している場合は'I am afraid I won't be able to make it.'とbe afraidを使います。

やや確信を持って「何々だと思う」という場合は'I believe…'

「何か隠しているんじゃないかと思います」というような場合は'I suspect he is hiding something.'とsuspectが適切です。最初の母音uにアクセントを置いた名詞

のsuspectは「容疑者」に当たります。

「単なるテクニカルなエラーじゃないんですか」くらいに、あまり深く考えずに思っているようなときには'I gather it is just a simple technical error.'とgatherがいいでしょう。これに非常に近いsupposeというのもあります。当てずっぽうならguessが適切です。

　例えば、ある夫婦が離婚したと聞いて「お互いに飽きたんだろうと思う」というように推測する場合は、'I presume they've got bored with each other.'

　誰も反対しなかったので「全会一致なのだと思った」（実際にはそうでなかった）というような場合は、'I assumed it was an unanimous agreement.'となります。

　こういうのは場数を踏まないと身に付きませんが、いずれにしても努力して「……と思います」＝thinkを卒業しなければなりません。

尋問調の'What is your name?'

　相手の名前を訊くなら、これしかないと思われる読者もおられるでしょう。言い方にもよりますが、これはどちらかと言えば「名前は？」と、相手を問い詰めるようなときにピッタリの表現です。出入国管理官、警察官が身元確認の手続きの一環として訊くときの典型的な言い方でもあります。

　パーティーなどで相手の名前を差し挟みながら親しく会話をしたいという場合には、'Hello, I am Jun. You are...?'とまず自分から名乗り、areに尻上がりの抑揚をつけて訊くのが無難です。

　最近はBBCのプレゼンターなどでもHelloではなく、アメリカ式にHiという人もいますが、イギリスではHelloに徹した方がいいでしょう。ただ、イギリスでは最初にあえて名前を名乗らず、Helloで終わってしまうこともよくあります。

　相手に以前に会ったことがあるのは記憶しているがどうしても名前が思い出せない、という場合には'Sorry, your name was...?'と言えば、相手の気分を害さずに回答を引き出せます。あるいは'You must be James. James Bond. No?'などと逃げるという手もあります。

　その他、'Where were you born?'（どこで生まれたか）、'Where do you live?'（どこに住んでいるか）、'What do you do for a living?'（仕事は？）、'Are you married?'（結婚しているのか）などは、日本語では挨拶代わりに使われるケースも多いようですが、特にプライバシーを大切にしているイギリスではこうした個人情報の開示を求めるような質問は初対面では避けた方がいいでしょう。話題の乏しさを披露するだけです。何カ月も一緒に仕事をしている同僚でも顧客の接待などで夜遅くなった、というような場合に初めて

'Where do you live?'と訊くくらいです。

　イギリス人以外は初対面で個人的な質問をしてくる人もいます。素直に答えてもいいのですが、矢継ぎ早に訊いてきた場合には'Are you from CIA, FBI, MI6 or SVR?'と訊き返すことにしています。CIA、FBIはご存じでしょうが、MI6はイギリスの、SVRはロシアの諜報機関の略称でソ連時代のKGBに当たります。

　また、電話をかけてきた相手を特定したい場合には'Who shall I say is calling?'と言うのが定番です。

高飛車な'I told you.'

　'I told you.'は相手に単に何々と言った、伝えた、ということではなく「（ほら）言ったじゃないか」「だから言わんこっちゃない」「言ったとおりだろう」といったニュアンスの表現で、言い方によってはかなり高飛車に聞こえます。言う側が権威を誇示しているように受け止められます。

　第三者、例えばジョンにあることを再確認するよう伝えた、というような場合に'I told John to double-check it.'と言うと、ジョンが部下であったとしても非常に偉そうに聞こえます。「頼んだ」くらいのニュアンスでaskedを、あるいは単に「言った」ということでsaid toを使った方が無難です。

　逆に、'John (did not ask me to but) TOLD me to double-check it.'と言うと、ジョンが依頼ではなくや

や高圧的な態度でこちらに、あることを再確認するよう言ってきたというニュアンスが伝わります。

仲違いに発展しかねないshouldとhad betterの誤解

　結婚したての頃、自宅でイギリス人の伴侶にこうしろ、ああしろ、といろいろと指図され、独身時代に自分で何でも決めていたのとは随分と勝手が違い、いきなり自由が束縛されたと感じたものです。毎日ある程度は同じ空間と時間を実際に共有するのだから彼女の言うことも聞かねばならない、と自分に言い聞かせたものの、３日目に堪忍袋の緒が切れて「'You should do this.' 'You should do that.'と言うのはいい加減にして欲しい。なぜshould××で命令するんだ!?」と不満をぶちまけたところ、「should××は命令じゃないのよ。あなたにとっていいことだと思ってサジェスチョンのつもりで言っているのよ」との返答が。

　shouldは何々すべきだ、に対応すると一般に理解されていますが、should+動詞は決して命令調の強い表現ではないと知ったのはそのときです。それまでにも学校で習った英語と実際の使われ方はとんでもなく違うのだ、ということは認識していましたが、このときほど日本の英語の教科書や辞書を焚書にすべきだと思ったことはありません。

それほど親しい間柄でない場合は**I think**を付けて**'I think you should go see a doctor.'**のように言うと、全体に口調が弱まって相手もアドバイスを受け入れやすい気持ちになるでしょう。

　ついでに**had better +**動詞は「……した方がいい」と習いましたが、これもとんでもない間違い。むしろ**should+**動詞とは逆に「……すべきだ」という命令調になります。「なぜshould××で命令するんだ!?」と言った後に**'You had better keep your big mouth shut.'**（その大きな口はつぐんでおけ）などと伴侶に言ってしまったら、即、別れ話が持ち上がったかもしれません。

　筆者は記憶する限り、誰かが**had better +**動詞を実際に使ったのを聞いたことがありません。

目の前にいる者にHe/Sheは禁物

　'He/She is a vegetarian.'（彼/彼女はベジタリアンです）

　レストランでテーブルを囲んで、好きなものを注文しようというときに、同席している人が肉は食べない、ということで、こう注意を促す場面があるかもしれません。これは日本語ではまったく問題ないのですが、それをそのまま英語にし、**'He/She is a vegetarian.'**というのはよろしくありません。三人称代名詞はその場にいない人について使うので、本人がいる場面では失礼にならないよう**'Mr Jones/Ms Smith is a vegetarian.'**な

どと、本人の名前を使いたいものです。

会議の場合も同様で、そこに出席している人が云々という場合は、何度でもその人物の名前を使用することをお薦めします。

busy、tiredはタブー

'Give me 2 minutes!'

ちょっと待って欲しい、というときによく使うのがこの表現です。正確に2分であるはずはないのですが、なぜか2分なのです。ロンドンの地下鉄も次の電車が来るというときに'The next train will arrive in 2 minutes.'という具合に2分前にアナウンスします。

すぐに応対できないのであれば'Can I come back to you at 10?/ Let me come back to you in 30 minutes.'などと具体的に時間を提案し、こちらから連絡する旨を伝えます。実際に他のことで手が離せないという場合でも'I am busy right now.'などとは言わないことです。筆者の経験では職場で「手が話せないので後にして欲しい」というときにbusyという言葉は一度たりとも聞いたことがありません。busyは相手とのコミュニケーションを拒絶するメッセージだからです。

月曜の朝に'How was your weekend, Masa?'などと声をかけられ、週末は本社からの出張者の世話や接待ゴルフ、家族の面倒などに忙殺され、ゆっくり休む暇もなかったとしてもbusyは避けたいものです。単な

る挨拶なのですが、**busy**では相手を遠ざけてしまいます。日本の職場でも「今忙しい」という人には情報が集まって来ないでしょう。

　もう一語、禁句なのが**tired**です。どんなに疲れていようとも**'I am tired.'**と言ってはいけません。**tired**というのは「人生に疲れた」「生きる気力もない」と解釈される場合もあるので、**'I am tired.'**と言うと、自殺でも考えているのか、と受け止められかねません。疲れている様子も他人に見せないようにしましょう。ため息も御法度です。ストレスが溜まっていても顔に出してはなりません。疲れた者に誰も付いて行かないのは言うまでもないことです。

Good morning より John

　職場での朝の挨拶は**'G'd morning, John!'**、**'G'd morning, everyone!'**というのが一般的です。**Good**の母音はほとんど聞こえないのが普通です。

　'Good morning, Mr Tanaka!'と言われ、**'Good morning!'**と答えているようでは仕事はうまく行きません。相手の名前を言わずに**'Good morning!'**だけの返答はいただけません。せめて**'Good morning, John!'**と名前を添えて返したいところです。さらには、こちらから先に**'Good morning, John!'**と声をかけたいものです。これだけで「うむ、話せる相手だ」という印象を持ってもらえます。

　実は**Good morning**といった挨拶自体はむしろ必要なく、大事なのは相手の名前を呼ぶことなのです。朝の挨拶だけではありません。通路などですれ違う場合にも**'John!'**、**'Mary!'**と声をかけてあげるだけで心理的な距離が縮まります。

　イギリスでもアメリカ同様、職場では敬称抜き、上下の隔てなくファーストネーム、ニックネームで呼び合います。**Mr**、**Ms**などを付けて呼ばれているということはまだまだ溶け込んでいない、受け入れられていない証拠。アメリカほどにはニックネームを要求しないイギリスではありますが、呼びやすい名前を用意しておき、初対面のときに自ら**'Please call me "Yoshi"!'**などと、こちらからお願いすると相手もグッと胸襟を開いてくれます。パブやバーに誘って一杯やって親しくなった（と思った）としても日常的にファーストネームで声をかけないようでは吸い上げるべき情報が吸い上げられません。

　世界的な和食ブームでロンドンにも**「ノブ」「ズマ」「イツ」**など2音節名の日本食レストランがけっこうあるので、**「ヒデ」「カズ」「マサ」**などは抵抗なく、スッと覚えてもらえます。

　海外の代表事務所、現地法人などに派遣された場合、同僚の名前と顔をできるだけ短期間で覚え、デスクにドカッと座っているのではなく、社内を歩き回り、日々

気軽にファーストネームで声をかけたいものです。個室がある場合はなおさらです。ドアは開けっ放しにしておき、特に用がなくてもこちらからフロアに出向いて**'How's everything, John?'**などと気さくに話しかけることをお薦めします。

　社内電話の場合、電話の液晶パネルを見て誰がかけてきたかがわかる、あるいは声で誰かすぐにわかる、という場合には、受話器を取ると同時に**John!**と反応します。こうするだけで、「いつでも何でも訊いてくれ。相談に乗るぞ」という姿勢を感じ取ってもらえます。このあたりは赴任先の言語が英語以外の場合もさして違いはないでしょう。

　ついでに、ビジネスシーンでは電話を取ったときに**Hello?**では失格。社外からの電話には**'Taro Honda?'**などと自分の名を名乗るのが常識です。**Hello?**は自宅にかかってきた電話に出る場合は構いません。下4桁の番号で答える人もいます。

そっけない 'What is it?'

'What can I do for you?'

　人事、IT、コンプライアンスといったバックオフィスに顔を出すと、よくこの挨拶が聞けます。バックオフィスの最重要顧客は社内のフロントオフィスです。企業は売上、利益が出なければ成り立たないのは自明

のこと。しかし、だからと言って営業、マーケティングといった部署が大きな顔をし、バックオフィスを小間使いにするような体質の企業はいずれ客が離れていきます。何も用がなくても、インフラを支えている同僚に普段からちょっとしたお礼の言葉をかけたり、出張先で買った土産物などを配るだけで仕事がはかどります。こうした日常の心遣いは非常に重要です。これはおそらくどこの国でも普遍的に言えることでしょう。内部のコミュニケーションの良くない組織が外部と良好なコミュニケーションを保てるはずがありません。

同僚や部下がドアをノックしたり、そばに来たときに、あるいは電話をかけてきたときに、言い方にもよりますが**'What do you want?/What is it?'**ではあまりにそっけないと受け止められます。こちらから先に**'What can I do for you, David?/How may/can I help you, David?'**と訊きたいものです。これだけでDavidはこちらに懺悔したいくらいの気持ちで胸襟を開いてくれるでしょう。

とうてい無理なambitious

'Boys, be ambitious!'

これは札幌農学校のクラーク博士が言い残した言葉として広く知られています。日本語では「青年よ、大志を抱け」と訳されており、これは適訳と言えます。

クラーク博士は若き学生たちに向かって、狭い世界に閉じこもらずに崇高な目標を掲げ、それに向かって邁進せよ、といったメッセージを送ったのです。

ambitiousというのは一生のうちには簡単に達成できないような目標を抱いている、そのような態度や姿勢を指します。**ambitious**には**「野心的な」**といった訳語も当てられており、クラーク博士との連想も働くためか、「野心的」、すなわち**ambitious**であることは善である、というように受け止められています。

誰もが現実世界のしがらみや慣行、しきたりに流され、若いときに抱いていた夢や大志を失ってしまっては進歩も改革もあり得ません。その意味では野心的であること、**ambitious**であることは善であり、そのような人たちは社会にとっても必要です。しかし、英語での会議で、ある提案に対し**'That's a bit ambitious.'**と言われれば、それはかなり実現が困難な高い目標、プランだ、という否定的な判定なのです。

ほとんど**'You must be joking!'**（冗談でしょう）と同義です。容易に実現できない目標を抱いていることが**ambitious**なのですから当然、否定的に解釈されます。十分に達成、実現可能な現実的なプランだというなら、その場で反論、説得しなければなりません。

子供専用のdream

ambitiousに関連して**dream**にも触れておきます。

　日本語の**「夢」**は基本的に肯定的な意味合いを持っています。「夢」は抱き、追いかけ、実現する、叶えるのが良いとされているようです。TV番組『夢の扉』（TBS系）にも視聴者に「夢」と希望を与えようという前向きな制作意図が感じられます。

　そこで英語の**dream**が日本語の「夢」に対応し、同じように良い意味があるかといえば、必ずしもそうではありません。ネイティブは**dream**と一緒にその形容詞**dreamy**の使い方を連想します。これは「非現実的な」「空想にふけった」という、むしろ否定的な意味合いがあります。**dreamy eyes**と言えば、例えば、ある異性に完全に「夢中」、とりこになってしまった、うつろな目つきのことです。

　daydream（白日夢）、**pipe dream（パイプで阿片を吸って抱く夢）**という言葉もあり、**'He is a dreamer.'**と言えば現実離れした「夢想家」というマイナスの評価です。日本語にも「夢物語」「夢見心地」という、どちらかと言えば否定的な使い方もあります。

　'child's dream'（子供の夢）と言えば実現不可能なたわごと、くらいの意味です。

　いずれにしても**dream**は基本的に子供が見るものであって、大人は**dream**ではなく**vision**を描き、**imagination**を抱きます。科学者やエンジニアが**dream**を口にしては研究内容の信憑性を問われるでしょう。

アインシュタインは**'Imagination is more important than knowledge.'**と言っています。所与の知識、概念だけに立脚した技術の追求では真の革新は生まれません。**imagination**は人間だけに残された最後の特性でしょう。**imagination**のないエンジニアばかりで行う研究開発には限界があります。そういう研究開発はすべてコンピュータとロボットで代用できてしまうでしょう。しかし**imagination**をエンジニアに期待するのは難しいことに違いありません。そこでSF作家やアーティスト、デザイナーに**imagination**の協力を仰ぐことも検討に値すると思います。

dreamを自社のタグライン（企業姿勢を表すキャッチコピー）に使っている日本のエンジニアリング会社があります。**DreamWorks Pictures**のようにそもそも現実離れしたファンタジーを売ろうというならわかりますが、自社の優れた技術を売り物にする会社がdreamという言葉をタグラインに使用すべきかどうかはよく考えた方がいいでしょう。

ある著名なイギリス人の科学者は「自社のタグラインにdreamを使う欧米のエンジニアリング会社はないだろう」と語っています。dreamとエンジニアリングが結び付くのはかなりアジア的な発想のようです。

通常、「頭に描いていることや計画を実現する、目的を達成する」という意味なら**'make it happen'**が適

切です。これは現在は実質的に国有化されているRBS（ロイヤル・バンク・オブ・スコットランド）が調子のいいときに使っていたタグラインで、一時はヒースロー空港手前のロータリーに巨大な**'make it happen'**の看板を掲げていました。ところが何と同行は経営破綻を「実現」してしまったので法人向けサービスを偉そうに提供できる立場ではないと悟ったのか、今ではこのタグラインはウェブサイトからも姿を消しています。客の方もRBSが**'make it happen'**では共倒れを恐れるでしょう。

　あるアメリカ人の友人は**'child's dream/adult's dream'**というフレーズは聴いたことがない、と言います。アメリカ人は年齢に関係なく**dream**を追い求めるからに違いありません。

　大人が「夢を見る」べきではない、と言っているのではありません。「夢」という日本語と**dream**という英語の言葉は一対一で対応しているわけではないということを知っておく必要がある、ということなのです。タグラインなので受け取る側は深くは考えないかもしれませんが、だからこそ、安易な使い方には気を付けなければなりません。

　ついでに日本の某化学メーカーのタグライン、**'Human Chemistry, Human Solutions'**にもひとこと言っておきます。これは**human**で「人間的な」「温かみのある」

「優しい」化学を追究している、と訴えたいのでしょうが、まず第一にタグラインで同じ言葉を繰り返すのは芸がありません。

さらに、確かに「化学」に相当するのは**chemistry**なのですが、**chemistry**は特に異性同士が「化学反応を起こし」自然に引き合う、ウマが合う、互いに惹かれるものを感じて、**'There is chemistry between the two.'**などと言うときに使う言葉です。おそらく普通はこの**the two**は昆虫や魚類、爬虫類などは含まれず、人間レベルの事象として捉えられるでしょうから、**human chemistry**というのはややしっくりしない使い方ということになります。

ボーイングの最新鋭旅客機**Dreamliner**にも触れておきましょう。専門家相手には**Boeing 787**と命名されていて**Dreamliner**は愛称ということですが、これはタイタニック号やクイーン・エリザベス2世号のような豪華客船**steamliner**を連想させます。しかし、就航後もブレーキやバッテリーに問題が見つかりボーイング社ではディズニーランドにあるような乗り物を連想させる**Dreamliner**はまずかったかな、と思っているかもしれません。アメリカ以外の国の会社では自社製航空機に**dream**を使った愛称を思い付くことはまずないでしょう。

誰にもウケない 'typical Japanese'

たまに自己紹介で'**I am a typical Japanese.**'（**私は典型的な日本人です**）という人がいます。そのときに羽織、袴をまとい、刀を差し、チョンマゲのカツラをつけた姿なら許せなくもありませんが、謙遜が好感されるイギリスでもこれはマイナスの効果しかもたらしません。

typicalというのはその他大勢のうちのひとり、ということで、そんなつまらない、退屈な（**boring**）人と会話したいとは誰も思いません。**typical**というのは人を最も侮蔑した言葉のひとつで「典型的」というよりも「一緒にいるだけ時間が無駄になる、何の特徴もない」というくらいの意味なのです。

あえて言うなら、これに続けて'**I love sushi, green tea and sake.**'（**私はスシ、緑茶、酒が大好きです**）と言ってみてはどうでしょう。すると相手がおどけて'**Then I am also a typical Japanese. I love sushi, green tea and sake too.**'（**それなら私も典型的な日本人です。私もスシ、緑茶、酒は大好きです**）などと返してくるかもしれません。そうしたら'**Ah huh! But you speak excellent English!**'（**あ、でもあなたは英語がうまい**）という具合に会話を展開してみたいものです。

また、**typical**はあまり歓迎できない、よくない状況、

例えば政治家の「お決まりの」どうにでも解釈できる発言、予算委員会などでのポイント稼ぎ以外の何ものでもない、与党議員に対する個人攻撃などに遭遇した場合に、独り言のように「またやってる」というときにぴったりなのです。**typical**を使いたくなるような場面が多いのは精神衛生上も良くありません。

puddingテスト

'How about some pudding?'

　自宅でパスタなどを食べた後に、イギリス人の最初の伴侶によく言われたのがこの質問です。筆者はプリンを嫌いではありませんが、さほど好みではないので **'No, thank you!'** と答えると何も出てこないのです。何も知らないアメリカ人も同じ目に遭います。「イギリスでは**pudding**はプリンではなくデザートを指す」と知ったのはそれからです。

　最近はイギリスのレストランでも**dessert**が一般化していて、メニューにも**dessert**と印刷されている例がほとんどです。しかし、コーヒーも出さないという頑固一徹のイギリス料理のレストランのメニューには今でも**pudding**と書いてあり、ウェイター、ウェイトレスも**pudding**を使います。たまに招待でこういう店に行く場合がありますが、渋々お誘いを受けることになります。メインも**pudding**も旨いものは期待できないからです。

　イギリス人は味音痴で、「ちょっと奮発してもいい
から旨いものを食べたい」などとはこれっぽっちも思
いません。「料理のあんなにまずい国の連中は信用な
らん」という故シラク・フランス大統領には賛同しま
せんが、イギリス人はレストランで食べる場合も旨い
ものが出てくることをほとんど期待していません。旨
いのかまずいのかもわかりません。従って、まずくて
も一切文句は言いません。

　イギリス人に「この近くでおいしい店知らない？」
などと質問すると、一生懸命考えてくれるでしょうけ
れども、そのアドバイスに乗ってはなりません。**'The
proof of the pudding is in the eating.'（旨いかどう
かは食べてみなければわからない。やってみなければ
わからない）** ということわざがありますが、こういう
場合は**'No proof of the pudding is necessary.'（食べ
てみる必要はない）** つまり、イギリス人に訊くのは無
駄なことなのです。

　招待されている場合は「あの店には行きたくない」
と思っても代案を提示するのはなかなか難しいもので
す。友人の誘いであってもあそこはまずいよ、という
コメントがよろしくないのはどこでも同じでしょう。
こういうときは丁重に**'Well, I would rather suggest
...'** を使って「……**はどうかな？**」という言い方がい
いでしょう。

dessertという言葉の意味をちゃんと知っているにもかかわらず、こちらを試すかのように、何気なく**pudding**を使う意地悪なイギリス人もいるので注意したいものです。この手のテストをさんざん受けさせられてウンザリしているアメリカ人も多いのです。逆に、こちらが**pudding**を使えば「うむ、わかっているな」という印象を持つでしょう。

説教調の'Do you understand?'

　プレゼンテーションの最後、あるいは何かの質問に対する答えの最後などに「おわかりいただけたでしょうか？」という調子で、いい大人を前に**'Do you understand?'**と訊いてはなりません。**'Can you understand?'**はもっとまずいでしょう。言われた方は立ち上がって**'Yes, Sir!'**と言いながら敬礼するかもしれません。

　'Do you understand?'というのは教えを守らない子供などに「二度とこんなことをしてはダメだぞ。わかったか？」と説教する場合、軍隊で上官が下士官に向かって有無を言わせず命令を叩き込む必要がある場合、あるいは「言ってもわからないだろうな。でもわかって欲しいな」というようなときに使う表現なのです。

　聴衆に向かって**'Do you understand?'**と訊くような人に限って**'OK?'**などと口走ってしまいますが、これではどんなにそのプレゼンテーションが深みのある、

中身の濃い内容であっても「バカにするな」という気持ちになるでしょう。**'Do you understand?/OK?'**は禁句です。

　また、外国人に向かって「日本語、わかりますか？」という調子で**'Do you understand Japanese?'**と訊いてしまうこともあるかもしれませんが、これは「日本語わかるんですか？（そんなはずはないでしょう）」というように受け取られかねない失礼な質問です。そういう意図ではないことは明らかなのですが、そう受け取られてしまいます。

　逆に、ニューヨークやロンドンで**'Do you understand English?'**と訊かれた場合のことを考えてみればいいでしょう。この質問に対して単純に**'Yes, of course!'**などと笑顔で英語で答えているようではまともに相手にされません。

「わかる」の目的語を「日本語」「英語」ではなく「私の言っていること」「ここに書いてあること」などに置き換えてみると、「わかる」という言葉の意味がおわかりいただけるのではないかと思います。

「おわかりいただけ<u>ない</u>でしょうか？」というつもりで**<u>Don't</u> you understand?'**と否定形を使うと、もっと強い調子になってしまいます。逆に、**'Do you understand?'**と訊かれているのであれば、あまりよろしくない状況に置かれている、と解釈しなければなりませ

ん。'Do you know what I mean?'（言わんとしている
ことがわかるか？）、'Are you with me?'（わかってい
るのか？）というのも同列です。

一方、'I understand.'には「わかりました（メッセー
ジは理解しました）」という意味もあれば、状況によっ
ては「おっしゃることはわかります（わからないでは
ない）」「そういうことだったんですか」という意味合
いもあります。いずれにしても、相手の言っているこ
とに理解を示す表現ですが、必ずしもそれに同意はし
ない、というときに使うものと覚えておいてください。

相手の言わんとしていることがどうもよくわからな
い、というときには'I don't follow.'という言い方もあ
ります。'I don't understand.'は文脈によっては「そ
れ以上は聞きたくない」というメッセージにもなりま
す。「なるほど！／納得！」というときには'That makes
sense.'がいいでしょう。

冷たい'No, thank you!'

最近はだいぶ髪が白くなったせいか、さして重いも
のを抱えているわけでもないのに、地下鉄に乗り込む
と、座っている若い女性に同情心溢れる目で見つめら
れ'Please!'と、即座に席を譲られてしまうことがあり
ます。約3年前に最初にこれをやられたときには愕然
としました。近頃は若い男性にも席を譲られることが
ありアタフタしてしまいます。

　決していつもではありませんが、ロンドンの地下鉄車内ではおなかの大きな女性や重そうな荷物を抱えた人が乗ってくると席を譲るという場面に遭遇することがよくあり、見ているだけでも非常にすがすがしい気分になります。

　見ず知らずの人からの親切な申し出には注意が必要な場合もありますが、席を譲ってもらう程度のことであれば心配には及びません。しかし、筆者は長時間立ちっぱなしだった後でもない限り断っています。

　こういうときに**'No, thank you!'**とだけ断るのでは相手も立つ瀬がありません。言い方にもよりますが**'No, thank you!'**はしつこいセールスマンの押し売りを断るようなときの「まっぴらお断り！」というメッセージなのです。むしろ**'I am all right, but (how) very kind (of you) !'**と言って断るのがいいでしょう。食事やパーティーなどに誘われたときに断るような場合も**'(How) very kind (of you), but I already have another engagement.'**（ご親切ありがとうございます。でも別の約束がありますので）のような言い方が適切です。

　約2年前には地下鉄に乗り込んだときに空いている席があったので腰掛けて新聞を読んでいると、目の前に筆者とほぼ同世代とおぼしき女性が立ちました。さして美人ではありませんが清楚な出で立ちです。チ

ラッとこの点を確認したうえで席を譲りたくなりました。そこで早速新聞をカバンにしまい、スッと立って**'Would you care to take the seat?'**と申し出たところ、**'Thank you, but no, thank you!'**と言われ、愕然とした覚えがあります。

横柄な 'Excuse me!'

レストランでウェイターの注意を惹こうと、アメリカ人のように周りに聞こえるくらいの声で**'Waiter, excuse me!'**と言うと、イギリスではけっこう白い目で見られます。「偉そうにしているな」と受け止められます。イギリス人は白い目を見せないように白い目で見るので気が付かずに過ごしていまいます。

誰かの注意を惹きたい場合、こちらが客であってもイギリスではひたすら**'Sorry!'**と謝る調子で言います。こちらの方が失礼してしまった場合でも**'Oh, sorry!'**と向こうの方が謝ります。アメリカ人やオーストラリア人からすると、何も謝る理由はないではないか？　イギリス人は謝りながら実は偉そうにしている偽善者だ、と受け止める人もいます。カナダ人は両方使うのであまり違和感はないようです。

相手の言ったことが聞き取れなかった、よく理解できない、もう一度言ってもらいたい、という場合にも**'Sorry?'**を使います。**'Pardon?'**も頻繁に聞きます。

約束の時間に遅れてしまい、本当に申し訳ないと真に謝罪したい場合は**'How sorry I am! My apologies!'**と言えば許してもらえます。イギリスでは5分や10分程度の遅れは許容範囲です。

相手に「ちょっと髪が薄くなったね」などとうっかり正直に言ってしまったような場合、アメリカ人なら、ゆっくりとやや語気を強め**'Excuse me!?'**で「失礼な！」といったニュアンスを伝えるのではないでしょうか。似たようなネガティブなコメントに対してご立腹の女性なら首を傾げ、両手を腰に当てながら**'Excuse me!?'**と言うでしょう。

人にもよりますが、イギリス人は髪が薄くなったくらいのコメントでは気分を害しません。否、気分を害したとしても顔には出さず、**'Ready for a summer holiday!'**（夏休みに合わせたのさ）、**'Perhaps I should shave it all off and join a football club!'**（いっそのこと丸坊主にしてサッカークラブに入ろうかな）などと言うかもしれません。

要警戒の challenge

「チャレンジ精神」「何でもチャレンジだ」「一度はチャレンジしてみたい」のように、日本語の「チャレンジ」には英語の**challenge**（アクセントが最初のaのところに来るので注意）同様、「挑戦する」「挑む」といった意味合いがあります。

99

調停裁判の場、あるいは解雇、懲戒処分などを受けた際に弁護士が**'Will you challenge?'**と言えば、相手の言ったことに「反論するか？」「受けて立つか？」という意味で、受動態で**'be challenged'**と言うと本当なのかどうか「問い詰められる」という意味合いになります。あまりお馴染みではありませんが、ここまでは比較的すんなり理解できると思います。

　某途上国の投資勧誘セミナーで、ひとりのプレゼンターが「空港からタクシーに乗って、わずか数キロ先のホテルまで行こうとしたら道路が大渋滞。これは道路拡張に投資する**opportunity（商機）**がある、ということですが、大渋滞は常態化していて輸送コスト増、大気汚染が問題になっています。２時間もかかって、ようやくホテルの部屋に入って一休みしようとしたら停電で、クーラーも冷蔵庫も扇風機も止まってしまい、これは電力投資の**opportunity**があるということなのですが、一方で増える電力需要に供給が追いつかないという深刻な状況にある、ということです」というような話をしました。

　彼はこの文脈で「輸送コスト増」「大気汚染」「電力不足」という問題に対して**challenge**という言葉を当てていました。しかし、これはその国への投資に伴う「課題」ではなく、本来は**risk**という言うべきものなのです。ところが投資勧誘セミナーで**risk**という言葉

を使ってしまうと投資意欲を削いでしまうので、それを避けるために**challenge**を使っているのです。

また、投資家説明会などで経営陣が**'The next year will be challenging.'**（来年はチャレンジングな年になります）などと言うことがありますが、この**challenging**は「チャレンジングな」「かなり苦戦する」どころではなく「非常に厳しい」「ほとんど目標達成が不可能」という事態になりそうなので「目標が達成できなかったとしてもご勘弁を」という逃げなのです。

challenge、**challenging**という言葉を聞いたときには警戒した方がいいのです。

このように、実態をあまり否定的に、または深刻に捉えられないようにしようとする配慮からあえて婉曲的な表現を使っていることがよくあるので注意したいものです。いくつか例を挙げます。

<u>**friendly**</u> **fire**（友軍の誤射、誤爆）。とんでもないことなのですが **friendly** と言われると深刻さが軽減されます。

<u>**pre-owned**</u> **car**。**used car** は「使い古された車」という響きの良くない「中古車」になってしまうので、過去に所有者がいる、という言い方にしています。思いっきり古い車も **vintage** になったり、ガラクタも **antique** に化けたりします。

<u>**account executive**</u>（営業担当）。**salesman** という

のはどさ回りのイメージが強く、「職業は？」と訊かれてこう答える人はあまりいません。証券会社の**salesman**には代わりにこれを使ったりします。映画『ウォール街』でも使われていました。

　sub-prime mortgage（サブプライム・モーゲージ）。安全な投資対象とはとても言えませんが「リスキー・モーゲージ」「ジャンク・モーゲージ」と言ってしまっては売りにくいので、代わりに「サブ」を使って最上級**prime**のちょっと下の安全な投資商品に見せかけたのです。大銀行のエコノミストやストラテジストにも魅力ある商品だと言われ周りがガンガン投資しているのを見て、プロの（?）投資家もおいしい投資対象なのだと勘違いしました。

　売る側がある特定の商品をなぜ薦めるのかと言えば、たいていはその商品の方が他のものより利幅が厚く、売る側にとっておいしいからです。お化粧用の言葉の使い方には注意が必要です。

避けたいdifficult

「難しい」というときに**difficult**を使いがちですが、安易に使ってはなりません。いつも「難しい」に**difficult**を当てていると、相談したいと思っている、あるいは商談を先に進めたいと思っている相手の意欲を削いでしまいます。文脈によってはこの人には問題を解決しようという前向きな気持ちがない、もっと極端な場合

この人にはその能力がない、と判断されてしまいます。難しいと思うときほどその使用を避けたいものです。

そこで**difficult**の代わりに**not easy**（簡単ではない）と言ってもいいのですが、**challenging**や**problematic**（問題が多い）、**complicated**（複雑）、**tricky**（ちょっと扱いづらい）、**demanding**（満たさなければならない要求・要件が厳しい）などを選んで、その前に**rather**、**a (little) bit**を付けた表現が好ましいと言えます。

日本語でも「それはちょっと難しいですね」と言えばノーという返事なのです。

また、本来的に学習が難しい、あるいはやさしい言語というのは存在しないのですが、外国人に対して**'Japanese is difficult.'**（日本語は難しいですよね）とほとんど挨拶代わりに言ってしまう人がいます。別に悪気はないのですが、言われた方は「そんなに難しい言葉を母国語にしている日本人は特に頭がいいということなのか？ こちらには到底習得できないと言いたいのか？ 今一生懸命勉強しているのに学習意欲を削ぎたいのか？」というふうに受け取る可能性が十分にあります。

自分の言っていることを相手の側に立って考えられない、これすなわち幼稚（**naive**）ということなのです。

おいしいなら何でも delicious?

「イット・ウォズ・ベリー・デリシャス」

　食事の後で思いっきり日本語訛りの英語でこう言ってもまず間違いなく通じるでしょう。通じるなら構いませんが、**delicious**という言葉はどんなにおいしくてもスナック店で味わう「おいしい」ではなく、それなりの家に招かれ丹精込めて作ってもらった料理を味わったときに「ちょっとやそっとでは味わえないほどの美味」「誰からも賞賛されるおいしい味でした」と、お礼を述べる場合に適しているので、日常ではほとんど使われません。

　イギリスにおける家庭料理でdeliciousは皆無というのが実態なのですが、招いてくれた方に対する礼儀としてdeliciousを使った方がいいでしょう。

　普段は**'good'**、**'I enjoyed it very much.'**で十分です。大人が日本語の「おいちい」に近い**'yummy'**を使うと、ちょっとおどけた感じになります。

　もうはるか昔、70年代に日本に留学していたアメリカ人の学生がアパートに呼んでくれて、自分で作った海苔巻きを出してくれたことがありました。何とシャリがキラキラ輝いていて酢の使い過ぎだということがひと目でわかるという「ご馳走」で、勇気を奮って最初の一口を食べたところ、彼女が**'How's that? Do**

you like it?'と訊いてきました。「まずい」とは言いませんでしたが、次に作るときの参考にと親切心で**'a bit too vinegary'**とコメントし、あとはほとんど食べられませんでした。しかし、翌日彼女から「どんなにおいしくなくても出された料理について否定的なコメントを言うのは失礼よ」と指摘されました。

　英語なら思っていることを何でも素直に言っていいわけではない、と悟ったのはそのときです。

無駄な important

　'This is very important.'（これは大変重要です）と伝えたいときに日本人がよく使う表現です。

　例えば、プレゼンテーションの中で**'This is very important.'**と言う場合、これ（このこと）が**important**なのは何にとって、あるいは誰にとって**important**なのかを明確に伝えることが**important**です。

「これ（このこと）は我が社にとって大変重要です」と伝えようとする場合に、「これ（このこと）」が重要なのは「我が社」にとってである、ということが文脈上明らかである場合はいいのですが、そうでない場合はその場にいる一般聴衆にとってなのか、つまり「忘れてはならない」「肝に命じておかなければならない」ということを言わんとしているのか、スライドの中で示されている何らかのオブジェクトにとって重要なのか、といったことを明確に示した方がいいでしょう。

しかし、シンプルでわかりやすくかつ説得力もある
プレゼンテーションや会話では、'**This is very impor-
tant.**'は使われません。プレゼンテーションはプレゼ
ンターも聞く側も**important**だと思うから会場に来て
いるのです。むしろ、どういう理由によって**impor-
tant**なのかを言うべきなのです。

それを**because**を使ってくどくどと言うのではな
く、話の流れの中で自然と判断できるようにするのが
理想です（**because**を使って理由を述べるというのは、
かなりもったいぶった「なぜならば……だからであ
る」といった調子になります）。あえて'**This is very
important.**'と言わなければならないというのは、い
かにプレゼンテーションがうまくないかを披露してい
るようなものです。聞く側に「よくわかった。こっち
はバカじゃないんだから、そんなに念を押すことはな
いよ」と受け止められる場合もあります。'**This is very
important.**'という表現自体は無駄なのです。

もう一点、**important**というのは意味が非常に曖昧
です。それよりは
'**...vital to our survival**'（我々が生き残れるかどうか
の分かれ道になる）
'**...critical to delivering the result**'（結果を出せるか
どうかのカギになる）
'**...indispensable to finishing the project**'（プロジェ

クトの完成に欠くことができない)

'…paramount to our success'(我々の成功にとって
これ以上重要なことはない)

'…essential to understanding the mechanism'(メカ
ニズムの理解にとって欠くことができない)

'…imperative to maintaining the order'(秩序の維持
にとっての至上命題である)

　故に重要なのである、というように具体的に言った
方がいいでしょう。

　こうした形容詞の使い分けはネイティブでないと
スッと出てきません。多くの使い方に当たることが必
要です。

veryばかりでは深みなし

　英語では短い会話の中に同じ言葉を何度も使うと芸
がない、というよりは教養がない、高等教育を受けて
いない、と捉えられてしまうので、日頃から語彙を増
やす努力を怠ってはなりません。

　一例を挙げると、good(いい、良かった)を強調す
る際にveryしか使えないようでは奥がない、と思われ
てしまいます。代わりにquite(かなり)、remarkably、
surprisingly、amazingly、extraordinarily(驚くくら
い)、extremely(非常に)、unexpectedly(意外に、
予想に反して)、significantly(相当に)、consider-
ably(かなり)、exceedingly(きわめて。ちょっと堅

い言葉）、**frighteningly**（怖くなるくらい）、**unbelie-vably、incredibly**（信じられないくらい）、**overwhel-mingly**（圧倒的に）といった**-ly**で終わる副詞を挿入すると、グッと教養を感じさせる表現になります。

また、動詞に**-ing**を付けて、形容詞的に使う言い方もできます。例えば、'**eye-popping good**'（**目が飛び出すくらいにいい**）、'**table-tapping good**'（**テーブルを叩きたくなるくらいにいい**）、'**tongue-dancing good**'（**舌が踊るくらいおいしい**）と言えば、かなり相手に印象づけられるでしょう。ただし、ダンスでも**twist**はいけません（**tongue-twister**は舌がもつれる早口言葉のこと）。

もちろん**good**や**nice、wonderful、fantastic**ばかりでなく**cool、excellent、fabulous、remarkable、brilliant、terrific、superb、marvelous、splendid、awesome**など、形容詞の方も引き出しからいろいろ出して上のような言い方と組み合わせるとユニークな表現ができます。

この調子で'**teacher-embarrassing questions**'（**教師を困らせるような質問**）、'**compliance-pleasing model answers**'（**コンプライアンスを喜ばせるような模範回答**）、'**brain-tickling complicated puzzles**'（**脳みそをくすぐるような複雑なパズル**）、'**hand-clapping superb performance**'（**拍手したくなるくらいに素晴らしいパフォーマンス**〈ただし、ゆっくりと間を置い

た3回程度の拍手はかなりの皮肉が込められています〉)、といった応用が思い付きます。

　こういうのは'TOEIC-soaked'（TOEIC漬けの）、'TOEIC-oriented'（TOEIC方式の）、'TOEIC-obsessed'（TOEICのことばかり考えている）、'TOEIC-inflicted'（TOEICに苦しめられている）、'TOEIC-indoctrinated'（TOEICを植え付けられた）、'TOEIC-infected'（TOEICに感染した）、'TOEIC-infested'（TOEICに侵された）、'TOEIC-crazy'（TOEICに夢中になっている）、'TOEIC-everything'（TOEICがすべての）な頭（brain/mind）では絶対に出てこないでしょう。
　ネイティブが聞いたことがなくても意味は間違いなく伝わるフレーズを使って豊かな会話を楽しみたいものです。

イディオム以前に語彙

　日本語には「耳を貸す」「目を通す」「口に出す」「手に入れる」「足が出る」など身体用語と動詞を組み合わせた熟語がたくさんあります。外国人がこれらを使って日本語の会話ができると、「うむ、なかなかうまいな、こなれているな」という印象を持つものです。
　英語にも'give a hand'、'keep an eye on...'、'play it by ear'、'set foot in...'、'have a big mouth'など、いろいろあります。

いわゆる典型的な**idiom**の例ですが、**idiom**を使って表現するなら豊富な語彙、流暢さ、言語以外の社会や歴史、習慣などに関する知識を併せた、やや限られた文脈でその場にピタッとはまる話し方ができないと、そこだけが浮いてしまいます。「書類」「しっかり」「隅々まで」といった基本単語を知らない者が「目を通す」という熟語を使うような場合を思い浮かべればわかりやすいでしょう。

　先に挙げた英語の例**'play it by ear'**（**音符を読まずに耳で聞いてプレーする、というジャズから来た表現で、「〈時間と場所は〉様子を見て決めましょう」というときに使える非常に便利なidiom**）以外はおよその意味が推察できると思いますが、個々の単語の意味の総和がフレーズ全体の意味と一致しないのが**idiom**で、このフレーズ全体の意味を知っていないことには完全にちんぷんかんぷんになってしまうやっかいなしろものなのです。

　これは努力して少しずつ覚えていくしかないのですが、外国語では**idiom**を使いこなす以前に語彙を豊かにすることに努めた方がいいでしょう。「話の腰を折って」しまいますが、わからなければその場で訊けばいいだけのことです。

深読みに注意

'I'm a businessman/businesswoman.'
「私はビジネスマン/ビジネスウーマンです」というのがこの英文の字義上の日本語訳なのは間違いありません。**'What do you do for a living?'（お仕事は？）**と訊かれ、こう答えることもあるでしょう。しかし、それだけではありません。この表現は「損得勘定で動く」という意味に取られることもあります。

例えば、交渉の席で相手と何度もやり取りがあり、十分に公平と思われる妥協点を提示されているけれども、「今一度再考したい。しかし、私も商（売）人、儲かるのであれば手を打たないこともない」といったニュアンスを伝えたいときに使えます。

'I'm single.'（独身です）という単純な表現でさえ、状況や相手次第で未婚あるいは配偶者はいない、ということとは別のニュアンスで捉えられる場合があります。

しかし、【デザート】の章の「脱アメリカン」（200ページ）で触れますが、アメリカ人は明示的に言われたこと以外に注意を向けるのは得意ではありません。行間を読み取る、言外のメッセージを読み取る、逆に本当に言いたいことを行間に込める、間接的に匂わせるということに慣れていません。というわけなのでイギリ

ス人のエリートからすると、伝統的外交が通じない困った人たちなのです。

必ずしもウケない 'win-win'

「これならそちらにもうちにとってもメリットがあります」というように双方の当事者に有利な契約、関係を指す**'a win-win contract'**、**'a win-win relationship'**というフレーズを得意そうに使う人がいますが、決してお薦めしません。それよりちゃんと**'This will be beneficial to both of us.'**と言った方がいいでしょう。というのは**'win-win'**なんていうフレーズはすでにさんざん使われて陳腐化している**cliché（陳腐な表現）**なのです。

　あらゆる商品と同様に、多用され、一般化されると価値が減殺されるのは言葉も同じです。

synergy、blue-sky thinking、mission-critical、paradigm shift、best-of-breed、human capital等々、当然網羅はできませんし、ネイティブでないと、その言葉やフレーズが**cliché**なのかどうかの判断が難しい場合もありますが、一般に英語の単語やフレーズがカタカナ英語として日本語に取り込まれているならば、すでに**cliché**になっていると考えていいでしょう。

ユニバーサル・ユーモアの実践

この章では筆者のユニバーサル・ユーモア実践集の一部をご紹介させていただきます。

「潜水艦」でグッとお近づきに

　数年前の12月16日、2、3歳年上（?）の上流階級のおばさまで筆者にとってのスペシャル・レディー、ヘザーが彼女のプライベート・クラブでのランチに誘ってくれました。若い頃なら競争が熾烈で、どうやってもお付き合いいただけなかったであろう超美人。名前から察せられるようにスコットランド生まれです。70年代に東京でサウジアラビア大使の秘書をやっていたこともあり、片言の日本語を覚えています。世界情勢もしっかり追っていて議論をふっかけてきます。今でも目が輝いていて年齢を感じさせません。

　現在のご主人は2人目で、ハーレー・ストリートで長いことプライベート・クリニックを営んでいた歯科医。10年くらい前に脱税がばれて大目玉を食らっています。以前はイエローのロールスロイスを運転していた彼女ですが、小粒な「スマート」にダウングレードしているのはそのせいかもしれません。

　クラブハウスはリッツホテルからバッキンガム宮殿の方に2ブロック下ったセント・ジェームスにあって、西側はグリーンパークに面している最高の立地。中は比較的明るく、インテリアも男性会員のみの伝統的なジェントルマンズ・クラブほどの重厚さはありません。

　彼女の方から食事に誘ってくれたのはこれが初めてでした。クリスマスが近いので彼女が筆者へのプレゼントを用意してくれていると思っていましたので、こちらも数日前には彼女のためのプレゼントを物色し、持参していました。

　食後のコーヒーは別の場所でくつろいで、と思っていると「コーヒーは２階のラウンジでどう？　持って行きましょう」という願ってもない提案。ここでプレゼントの交換となりました。筆者は袋に２つのプレゼントを用意していて、ひとつはその場で包みを開けてもらいました。

　これは長さが５センチくらいの、小さなゼンマイ式の潜水艦のオモチャで、ネジを巻くと水面下に潜ったり浮上したりする、何とも他愛のないもの。商品名が**'Tub Sub'**、つまりお風呂に入っているときに遊ぶもので**bath tub（バスタブ）**の**tub**に、**submarine（潜水艦）**の**sub**をくっつけて語呂合わせしているものです。イギリスではクリスマスが近くなると、こうしたあの手この手のユーモラスなプレゼント用品が出回ります。数日前に勤務先の近くの店で見つけ、即、これだと思いました。

　彼女は包みを開けると、少女のようなニッコリとした笑みを浮かべました。そこで、すかさず

M: You see, Heather, we will never be together in a bath tub in our life time. So please take this with you when you have a bath. Wind up the screw and have fun. I want it to do what I cannot possibly do. I named it 'Explorer' and it has a built-in camera!
（ヘザー、お互いの人生でお風呂に一緒に入ることは絶対ないでしょう。ですから、これを持ってお風呂に入ってください。ネジを巻いて楽しんで。どうやってもボクにできないことをこの潜水艦にやらせてください。Explorer〈探検号〉と命名しました。カメラも内蔵されてます！）
H: Oh, I love it!

「うわあ、嬉しいわ」という感じでしょうか。もちろんカメラは内蔵されていませんが、このユーモアもウケ、嬉しくて仕様がない様子。ただ、近くに新聞を読んでいる男性メンバーがいたので、かなり感情を抑えているのがわかりました。

　その後、セント・ジェームス・ストリートの店をウィンドーショッピングして回りました。

　ヘザーの友達の娘が店員をやっているアンティークの宝石店を覗いて、最も高そうなダイヤモンドのネックレスに見入ります。こういう店ではどれも商品に値札を付けていません。

　店を出て少し歩き出したところで

H: Mack, do you know how much this diamond ring is?

（このダイヤの指輪いくらぐらいするかわかる？）

　彼女がいつも左手の薬指につけている指輪を筆者の目の前にかざします。指の太さはある、という大きなしろものです。

M: Haven't got a clue.

（見当もつかない）

H: This is 350,000 pounds, and this pearl necklace is 150,000 pounds..., so with these alone I wear about half a million pounds today.

（これは35万ポンド、この真珠のネックレスは15万ポンドよ。今日はこれだけでも50万ポンドを身に付けているのよ）

　ざっと円換算しても7500万円くらいになります。

M: Wow!

　とは言ったものの、何のコメントもしませんでした。彼女のアクセサリーを質屋に持って行けば、ロンドンの高級住宅街を別にすれば、そこそこの家が買えます。

　その晩9時過ぎに彼女が携帯からテキスト・メッセージを送ってきました。

H: Submarine became lost...under the bubbles. Having great fun.

　潜水艦が**lost**ということですが、これはなくなった、

という意味ではありません。「潜水艦が見えなくなっ<u>たわ……泡の下で。とっても楽しい」ということです。</u>

　実際にお風呂で潜水艦で遊んでくれているようです。その瞬間の嬉しさを風呂場から送ってくれる、何ともカワイイ彼女です。

　筆者はここでわざと**lost**を「なくした」の意味に解釈し、

M: Already lost? I will deploy Explorer II!
（もうどこかに行っちゃったの？　**Explorer**の第2号を調達します！）

　という返事を送りました。ここで「買う」という**buy**や**get**ではなく軍事用語でもある**deploy**（**調達する**）を使っているところがミソです。

　ヘザーは３日後に丁寧な手書きの礼状を送ってくれました。そこには

'Tub Sub was inclined to circulate.'
（潜水艦はグルグル回るだけみたい）

　とありました。商品ラベルには潜水すると書いてあったのですが、ネジ巻きで動く安物のオモチャに潜水はできないだろうと思っていました。そこで

'Explorer doesn't dive?
Must be due to the long-term decline of the British marine engineering.
How can a submarine which does not dive carry out

the intended missions?
The recent aggressive government spending cuts
may also be a factor.'
（Explorerがダイブしない？　イギリスの海洋工学が
長期低落しているせいでしょう。潜らない潜水艦では
与えられた任務を果たせません。最近の政府支出の大
幅カットも影響しているのかもしれないですね）

　というメールを送りました。

　さて、クリスマスの当日。筆者は彼女からのプレゼ
ントをこの日まで開けずに我慢していました。包みの
かたちから、まず間違いなくマフラー。予想通りで、
ブラックに細い白のストライプの入った、カシミア
100％の高級品。何にでも合います。きっと今頃は母親、
娘、ご主人の面倒でてんやわんやなのでしょうが、あ
えてテキスト・メッセージを送りました。
'Love it! I'm home but it's around my neck. Next
time, your arms, please!'
（気に入ってます。自宅ですが首に巻いてます。次は
腕をよろしく）

　すると約３時間後に携帯からメッセージを送ってく
れました。
'I don't do arms, sorry ha ha!'
（私は腕はやらないのよ、ごめんなさい、ハハ！）

「腕はやらない」ということは他の部分はやる、ということか？　むしろそっちに解釈できます。いずれにしても家族で過ごすクリスマスの日でも筆者のことを思ってくれたのは嬉しい限り。もう1回ふざけて

M: If not arms, any other parts will do!
（腕がダメなら他のどの部分でも構いません！）
H: Do hope you would find someone to spend New Year with…or a group, I'll be in.
（元旦は誰か一緒だといいわね。グループだったら参加するわ）

　という嬉しいメッセージも送ってくれました。ということは、一緒に過ごしてくれるということかな？

　いずれにしても潜水しない潜水艦のおかげでグッと親しくなれました。

子供？　いないんじゃないかな

　時々、初対面の人に'Mack, do you have any children?'（子供はいるのか？）と挨拶代わりに訊かれることがあります。これに対し、ちょっと間を置いて過去を振り返るそぶりしてから'I don't think so.'（〈たぶん〉いないと思う）と答えると、これだけでその場の雰囲気がグッと和らぎます。

　'Do you want one?'（子供、欲しい？）などと訊かれた場合などには、'Yes! I am not yet passed the sell-by date, I hope.'（はい。まだ賞味期限切れにはなっ

ていないんじゃないかと思います）と答えると楽しい会話になります。ただし、相手次第では警戒されないとも限らないので状況を冷静に判断してください。

　最近、イギリスで教育を受け、ドクターの肩書きを持ち、素晴らしい英語を操る西アフリカのシエラレオネの金融界の有力者（黒人）と昼食を共にする機会がありました。このときもこのユーモアがウケて同席していた彼の２人の部下共々大笑い。

　続けて'What about YOU?'と、彼の方はどうなのかと尋ねたら'I have 2 kids, a son and a daughter.'（子供は２人。息子と娘がいる）と真面目に答えたので'Are you sure that is all?'（本当にそれで全部か？）と訊いたらまた大笑い。ついでに'I know that Africa is a vast continent with lots of jungles.'（アフリカは広大な大陸でジャングルもいっぱいあるじゃないか）とたたみかけたら全員腹を抱えて笑い出しました。

　子供のいる方は例えば、'I have 2 daughters.'の後に'as far as I remember.'（覚えている限りでは）、あるいは'I think.'（と思う）と続けるだけで雰囲気が和むでしょう。

　特に深みのあるユーモアではありませんが、以降すっかりリラックスし、尋ねてもいないのに彼が「最近、中国企業がシエラレオネで鉄鉱山を物色している」

ということを話してくれました。そこで西アフリカにおける中国企業の動向全般について彼の見解を聞くこともできました。

このようにユーモアを駆使すれば相手がガードを下げ、こちらの期待した以上の情報を入手することができます。その後のEメールや電話でのやり取りも親近感を持って続けられます。

コミュニケーションの目的は相互の真意、本音を知る、理解することにあります。ユーモアは相手の警戒心を解き、限られた時間内に共有できる土俵を設定するという目的の達成を大いに助けてくれます。大事なのはごく簡単で、誰もが即理解できるユニバーサル・ユーモアを武器にして相手により多く話させることです。

オンライン・デーティング奮戦記

筆者の最初の連れは11歳下のイギリス人、2人目は28歳下のルーマニア人で、性懲りもなく今3人目に挑んでいます。

先ほどのエピソードに登場したヘザーはとても魅力的な女性で、残りの人生をぜひご一緒に、と願っていますが、ご主人と別れて筆者に乗り換えてくれるとはとうてい思えません。

筆者はいろいろなところに出没して来ましたが、ロンドンではこれは、と思う女性になかなか巡り会えま

せん。これが約30年、ここで暮らしてたどり着いた結論です。ひとつには筆者が金融界で仕事をしているからでしょう。この業界は圧倒的に男性が多く、アプローチしたいと思うような素敵な女性との出会いとなると、もう無い物ねだりです。

　そこで10年くらい前から某オンライン・デーティングのサイトに自分のプロフィールをアップロードして、さらに東へと、ウクライナ、ロシア方面を中心に、若くて聡明でマナーも良く、知的好奇心旺盛な美人を求め、日夜奮闘中です。

　年齢を顧みず、若い女性を追いかけるのは治療法のない筆者の慢性疾患（chronic disease）と自己診断していますので、治療法探しは積極的に放棄しています。

　マリリン・モンロー主演の映画、『紳士は金髪がお好き』（Gentlemen Prefer Blondes）のように、ジェントルマンであることを自認している筆者は、躊躇なくブロンドの女性に的を絞っています。その際に、ジョージ・クルーニー並みの写真をアップロードできないうえに、財力のない筆者の武器はユニバーサル・ユーモアしかありません。

本に変身

　オンライン・デーティングのサイトでは当初、数枚の自分の写真とともに、年齢、身長、体重、職業、趣味、話す言語、現在の居住地といった基本データをアッ

プロードして、次のように自分を本に見立てて自己ア
ピールしました。

'Don't judge the book by its cover!
Here and there this one is dog-eared, highlighted,
coffee-stained, scribbled, rubbed, scratched, erased,
out-of-order, glued, taped and nearly falling apart.
The last chapter is left blank.
But the content could be interesting and enter-
taining to the right reader.
It might have increased in value over the time.
Interested? Your bookmark is welcome!
Can stand almost all kinds of environment, be it
your kitchen, lounge, garden, barn, bathroom,
bedroom, attic, etc., but please handle it carefully!'

「その本（の中身）は表紙で判断しないでください」
と切り出しています。「本というものは表紙で判断して
てはいけない」という一般論として言うときは'Don't
judge a book by its cover!'なのですが、theを使った
のはこの文脈でのbookは筆者のことを指していること
とを意図したからです。

　英語のネイティブなら、これが格言ではなく筆者を
指しているということがtheからサッとわかるはずで
す。「本の中身は表紙で判断してはいけない」というこ
ことは、おそらく「表紙」の見栄えが良くない、とい

う場合に適切な表現でしょう。外見は良くないが中身
は高級なのだぞ、という含みを持たせる、これがデフォ
ルトで、外面は良いが中身はろくなものではない、とい
うのは二次的な使い方でしょう。

　筆者のページを開け、**'Don't judge the book by its
cover!'** というコピーと筆者のポートレートを見た女
性たちは、外見をどう受け止めるかは別にして、筆者
は中身が濃いと訴えている、と解釈するはずです。実
際に中身が濃いかどうかはお付き合いいただかないと
わかってもらえませんが、これだけでも十分に注意を
惹くと思われます。

　それに続く文章はあえて訳せば「この本はあちこち
ページの端を折ってあったり、（カラーペンで）ハイ
ライトが入っていたり、コーヒーのシミが付いていた
り、落書きがしてあったり、こすれ、引っ掻き傷や消
したあとがあったり、順番が狂っていたり、糊やテー
プで貼り付けてあったり、ほとんどバラバラになりか
かっています。最後の章は完成していません。でもそ
れなりの読者にとってはとても面白く、楽しめる内容
かもしれません。時間の経過とともに価値が上がって
いる可能性もあります。関心がありますか？　であれ
ば、アナタのブックマークを歓迎します。台所、ラウ
ンジ、庭、納屋、バスルーム、ベッドルーム、屋根裏
など、ほとんどの環境に堪えることができますが、ぜ
ひ丁重に扱ってください」という具合です。

筆者は自分を本に見立て、一人称代名詞のIは一切使っていません。さして難しい言葉も使っていません。

　ここだけ読むと、過去に何度も挫折を味わい、満身創痍、でもそこをユーモアで乗り越えてきた、それなりに味のあるおじさん（まだじいさん扱いされたくない）だというイメージが湧くと思います。中には私の胸の中で癒やしてあげようなんていう変わり者もいるかもしれません。

　どこの国でも「私はユーモアのセンスを持った男性を探しています」とアピールしている女性がけっこういます。決定打ではないにしても、ユーモアが女性を陥落させる有効な武器になり得る、と思っていいでしょう。

　男女に関係なく、「私はユーモアのセンスがあります」と自己宣伝している人もかなりいますが、これはいただけません。「ユーモアのセンスがある」ということを自分から言うのは、ユーモアのセンスがないと宣言しているようなものです。

　一般に、人は持っていないものほど持っていると言いたがるものです。本当にインテリジェントな人は自分がインテリジェントだ、などとは言いません。

　英語には**'Empty cans make the loudest noise.'**という表現があります。中身が詰まった缶詰は落としても大して大きな音がしませんが、中が空っぽなのは一番大きな音を立てます。

車に変身

　女性を車に例えることがよくありますが、筆者はオンライン・デーティングでは相手次第で自分を「本」から「車」に変身させています。以下は筆者のページを訪ねてくれて、こちらがぜひお付き合いを願いたいと思った女性に対して送ったメールです。

'I can do more than what a chameleon does: i.e. turning myself from a book to a vehicle.'
（私はカメレオン以上のことができます。つまり本から車に変身します）
'I am a rather compact type from Asia, have already run tens of thousands of miles, with no warranty left, and not even a vintage.'
（私はアジアで生産されたややコンパクトなタイプで、すでにかなりの距離を走っており、保証は切れています。ヴィンテージでもありません）
'As you can see, I am not as sexy as a Ferrari but not as boring as a Toyota or Nissan because I always stayed away from the mass production line. Not necessarily reliable though.'
（ご覧のようにフェラーリのようにセクシーではありませんが、トヨタやニッサンのように平凡なデザインでもありません。大量生産のラインには乗らないよう

にしてきたからです。ただ、必ずしも信頼できるとは
言えません）

'I will not be able to offer you a luxurious spin but
some unexpected detours, perhaps. Look forward
to hearing from you.'

（高級車の乗り心地はお届けできませんが、ちょっと
予想しなかったような回り道ならできるのではないか
と思います。ご返事お待ちします）

　トヨタやニッサンにお勤めの読者にはお許しいただ
かなければなりませんが、イタリア車は外見に、日本
車は信頼性に優れているというのは世界的に定着した
認識です。ここではその信頼性に優れているというの
を逆手に取ったわけです。

　こういうユーモアのあるメッセージには相手の女性
もガードを下げやすいはずです。

　という具合に、普段から自分を突き放して観察の対
象にしてみると'a dry sense of humour'（醒めたユー
モア感覚）が培われます。

勝負は２分以内

　リアルタイムでのチャットの場合は、ユニバーサル・
ユーモアを最初の２分以内に武器として使いたいもの
です。

　ウクライナ、ロシア方面からは若くてハッとするよ

うな飛び切りの美女が筆者のメイン・ポートレートを
クリックして誘いをかけてきます。まだ18や19の子が
'You want to be my first?'（私の最初の男性になりた
い？）なんてアプローチしてくることもあります。ぜ
ひともお願いしたい、という場合もありますが、共通
の話題がまず見つからない、と思うので誘いに乗らな
いことにしています。

　東欧は生活が楽でないのか大家族という例は少ない
ようで、よく兄姉・弟妹のいない一人っ子に遭遇しま
す。
　初めてチャットした相手に比較的早い時点で
M: May I ask you a very personal question?
（けっこう個人的な質問していい？）
　と、丁重に尋ねます。
F: Of course!（もちろんよ！）
M: Are you the only child?（一人っ子なの？）
F: Yes!
M: Hmmm…that is a big problem.
（ふむ、それは大きな問題だな）
F: Why? Do you think I am selfish?
（どうしてなの？　わたしはワガママだと思うの？）
**M: No! If I take you with me, your father may tie me
up with a huge concrete block attached and throw
me into the freezing Arctic Sea.**

（そうじゃないよ。君を連れ去ろうとしたらお父さんがボクを縛り上げて、巨大なコンクリートの塊を付けて凍るような北極海に放り投げるんじゃないか？）

Or, your mother may chop me up into pieces and throw me into a hot, boiling borscht pan.

（でなければお母さんがボクを細切れにしてグタグタ煮えたぎったボルシチの鍋に放り込むかもしれない）

〈注：まだ彼女に決めた、という段階ではないのでWhenではなくIfを使っています。〉

F: Ah, hahaha! Don't worry! My parents are sweet. If I am happy, they will be happy.

（あははは！　心配しないで！　両親はとても優しいの。私が幸せなら両親は幸せよ）

M: I will give a call to Putin and ask him to send some bodyguards for me, just in case.

（念のためプーチンに電話してボディーガードを送ってもらうよ）

F: Mack, I will protect you!

（マック、私が守ってあげるわ）

　単なる筆者の思い込みかもしれませんが、かなり好感を持ってくれているようです。

　中には本気にして

F: Wow! Do you know Putin?

（うわあ！　プーチン知っているの？）

　と真剣に訊いてくる女性もいます。

M: I am busy, and so is he, but I have a good friend working in Kremlin.

（ボクも彼も忙しいけど、クレムリンで仕事している友達がいるんだ）

F: Mack, great!

（マック、凄いのね！）

　ユーモアのつもりなのですが、この程度ですと、けっこう信用されて出口戦略を見失ってしまいます。

M: Otherwise, as we walk down the streets of Moscow hand-in-hand, I would be arrested by the local police.

（じゃないと、モスクワの通りを手をつないで歩いているときにボクは地元警察に逮捕されてしまう）

F: Why? You are a criminal?

（どうして？　あなた犯罪者なの？）

M: For a suspicion of kidnapping you.

（君を誘拐したという容疑でね）

F: Hmmm…I would love to be kidnapped by you.

（ふ〜ん、あなたに誘拐されたいわ）

M: Worse still, YOU may be arrested for a suspicion of kidnapping ME!

（もっと悪い場合には君の方がボクを誘拐したという疑いで逮捕されるかもしれない）

F: Hehehehe. We are partners in crime!（へへへへ。私たち共犯ね！）

創造的応用

　辞書に載っていて、学校で習った単語がすべてではありません。言葉は意思疎通のためのひとつの道具です。道具であれば、それに言動を制約されることなく、使いこなすべきものです。英語しかりです。

　アルコール中毒にかかっていればalcoholic、1日に1回、一口でもチョコレートを食べないと手が震える、というくらいチョコレートに目がないのならchoco-holic。幸いalcoholicと違いchocoholicで身を滅ぼした、他人に暴力を振るったという話は聞きません。

　ならばsushi-holic、takoyaki-holic、tiramisu-holic、ice cream-holicがあってもいいのでは？　インターネット中毒ならinternet-holic？この言葉は聞いたことがありませんでしたが、何のことかはネイティブなら間違いなく理解できるはずです。と思ったらすでにある程度使われているようです。同じ意味でnet-a-holicというのも見つかりました。

　ついでにKateという女性にやや首ったけなら本人を前に'I've got a bit Kate-holic.'と言えば彼女の警戒心を呼び起こすことなく、こちらの慕う気持ちを伝えることができるでしょう。

蜘蛛恐怖症は**arachnophobia**、閉所恐怖症は**clau-strophobia**、高所恐怖症は**acrophobia**。では場合によっては相当な精神的苦痛を伴う電話恐怖症は？ちゃんと**telephone phobia**というのがあります。何のことはない、恐怖感を覚えるものに**phobia**を付ければその恐怖症になってしまうのです。

接待や仕事仲間との飲み会で帰宅が遅くなる場合、ちょっと失礼して「今夜は遅くなる」と奥さんに電話しておかなければならない場合もあるでしょう。そういうときに**'I must call my wife and tell her I will be late tonight.'**で終わってしまっては場が白けてしまいます。ついでに**'I am spouse-phobic.'**あるいは**'I am Yoshiko-phobic.'**、と奥さんの名前を使うとウケがいいかもしれません。**'I am chronically Yoshiko-phobic.'**（**慢性的よし子恐怖症**）という具合に副詞を挟み込むともっと笑いを誘うでしょう。

なお前述のように**tell**は立場が下の人に向かって「言う」という場合に適切な語で、それはそれで面白く聞こえるのですが、この文脈では**'and ask her permission to be late'**と言うと同情を誘うかもしれません。

Watanabe-nomics

安倍政権の経済・財政政策を指す**Abenomics**という言葉は世界的に広く使われていました。古くは**Reaganomics**がありました。アクセントは**'o'**のとこ

ろに置くことに注意してください。

　どちらも不成功だった点で共通しています。一部の
メディアがインドのモディ首相の政策に**Modinomics**
という言葉を使っていましたが本人はやめてくれ、と
言いたいところでしょう。

　以前、BBCにはややインテリ気取りが鼻につく
Stephanie Flandersという若い女性の経済担当記者が
いました。アクセントが、良家の出をうかがわせる彼
女のコメントや解説を掲載したコーナーはStephano-
micsと名付けられていました。権威付けを匂わせ、他
の経済担当記者への競争意識丸出しな感じで、あまり
いただけないものでした。

　...nomicsは国の経済・財政政策との絡みで首相、
大統領の名前の後に付けるのが一般的ですが、家計の
やり繰りを指す使い方があってもいいでしょう。

　例えば渡辺さんという人が財布の紐を完全に奥さん
に握られ、お小遣いも厳しく制限されているようなら、
自分の状況を**'Watanabe-nomics is under Mrs Wata-
nabe's strict supervision and control.'**と言うと笑い
を誘うと思います。

　このときに**my wife's**と言わずに、突き放して**Mrs
Watatanbe**を使うと権威や強制執行力が感じられ一
層面白く聞こえるはずです。収入はすべて渡辺さんひ
とりが背負っているかどうかということは別にして、

要は「かかあ天下」なのだというメッセージなのです。これにちょっとだめ押しで**'It is very discriminatory and undemocratic. However, unlike Abenomics, its budget is in small surplus.'**（非常に差別的、非民主的です。でもアベノミクスと違って予算は若干黒字です）というのを付け足してはどうでしょう。

Smartise

　数年前に、日本のスマート・テクノロジーの現状・将来をテーマに取り上げた、参加費無料のセミナーがありました。ちなみに筆者は有料のセミナーには一切行かないことにしています。

　テクノロジー音痴の筆者には難しい内容でしたが、セミナー後の懇親会で参加者の何人かと有益なひとときを過ごさせてもらいました。そのうちの一人が名刺交換したセミナーの主催者Mr T。帰宅してから彼に以下のお礼のメッセージを送りました。

'Many thanks for having given me the first opportunity to take part in your seminar!
It was very intellectually challenging, to put it mildly.
Everything seems to be <u>smartised</u> these days:
Smart phones, smart meters, smart grid, smart rubbish bins, etc.

But I am actually way ahead of the time;
My ex used to call me "smart pants".'
（初めてセミナーに参加させていただきました。あり
がとうございます。控え目に言っても、かなり難しい
内容でした。この頃は何でもスマート化されています
ね。スマートフォン、スマート・メーター、スマート・
グリッド、スマートゴミ箱等々。でも実は私は時代の
先を行っているのです。前妻がよく私を「スマート・
パンツ」と呼んでいました）

　Smartiseというsmartの動詞形を使ったのはたぶん
筆者が初めてではないか、と思います。という具合に、
ユニバーサル・ユーモアは脳みそを柔軟にしておいて
相手と共有しているルールからちょっと逸脱すること
で生成できます。
　なお、smart pantsというのは愛情を込めた表現で
「お利口さんね」くらいのスラングです。

トランプから電話

D: Mack, you predicted my 2016 victory a few
months in advance?
（マック、ボクの2016年の勝利を数カ月前に予想した
んだって？）
M: I even wrote in my report that it would not be
bad news for the markets.

（あなたの勝利はマーケットには悪材料にならないだろう、ということもレポートに書いています）

D: Tremendous! You seem like having a good crystal ball in your hands. Tell me if I will be re-elected in 2020!

（素晴らしいね！いい水晶玉を手に持っているみたいだね。ボクは2020年に再選されるかね？）

　　注：tremendousはトランプの口癖です。

M: No doubt! 100%! I already said in a major Japanese media in January 2019 that it would be a landslide. Besides, I know what you are trying to do.

（疑いないですね！100%!　すでに2019年の1月にボクは日本のメディアで地滑り的勝利になる、と言ってます。それにあなたが何をしようとしているかもわかっています）

D: Oh, really?（本当か？）

M: In one word, it is Amexit, an American Empire's exiting strategy by bringing the dollar and troops back home.

（一言で言えばアメグジット、ドルと米軍の国内回帰による大米帝国の出口戦略です）

D: Oh my God! Mack, you must keep it to yourself.

（おお！マック、それは君の胸のうちにしまっておいてくれ）

M: I will think it over. What is awesome is your

extraordinary energy. And you are such a talented actor.

（考えておきます。あなたの驚異的なエネルギー、凄いですね。それになかなかの役者ですね）

D: Mack, why don't you come to Mar-a-Lago and have a round of golf with me?

（マック、マール・ア・ラーゴで一緒にゴルフをどうだ？）

M: I will think it over, Donald. By the way, have you ever tried the club Abe gave you?

（ドナルド、考えておきます。ところで、安倍からもらったクラブは試してみましたか？）

D: No! I use those made in the USA only.

（ノー！ボクはメイド・イン・USAしか使わないんだ）

トランプ解剖

　その言動で毎日と言っていいほど世界を騒がせている人物と言えば第45代米国大統領ドナルド・トランプ以外にいないでしょう。プーチン同様、トランプもユニバーサル・ユーモアのネタには持ってこいだ、と思います。

　前述のように、筆者は2020年11月の大統領選でトランプが圧勝し再選される、と予想していました。ただ、同年夏には「大規模な不正がなければ」という条件を付けておきました。

　結果は、ご存じのように、トランプが民主党の

ジョー・バイデンに敗れ、2021年1月には議会がバイデン勝利を承認し、同月20日にはバイデンの大統領就任式が執り行われました。

　バイデンが公明正大な選挙でトランプを負かしたのではないことは多くの証拠や宣誓供述書に署名した証人の証言から明らかになっています。このことを国会議員や大手メディア、大半のトランプ支持者が知らないはずはありません。トランプは敗北宣言していませんし、将来も決して負けを認めません。

　民主党/バイデン側がなぜ大規模な不正を働いたかというと、トランプによる**draining the swamp**が迫っていたからです。これは字義上は「沼の水を干上がらせる」ということですが、それによって「沼の底に潜んでいるワルの正体を特定し、摘まみ出す」という意味です。腐ったワシントンの政官界の「ドブさらい」をやる、ということです。

　トランプは案件数から言えば、1期目に公約以上のことを達成したのですが、やり残したひとつの公約が、この「ドブさらい」です。トランプの敵はプーチンでも習近平でもなく、一部の共和党議員も含めた、2万人を超えるとも言われているヘドロまみれの連中です。この敵は数が圧倒的に多い上に、自らドブに踏み込んだら足をすくわれかねないので、2020年の夏にはホワイトハウスのウェブサイトに**'Good janitors**

urgently wanted'（優秀な掃除係、緊急募集）という
広告を掲載しました。**janitors**ですので複数募集です。
これで非農業部門雇用者数を増やすことにもなります。

　11月の大統領選の前に、調子はどうかと思い、遊説
で大忙しのトランプに連絡してみました。

M: Donald, draining the swamp is highly challeng-
ing, isn't it? They look pretty relaxed with Joe Biden
hardly running campaigns.
（ドナルド、ドブさらい、容易なことじゃないですね？
ジョー・バイデンはほとんど選挙運動をやっていない
のに皆けっこうリラックスしてるようです）

D: Twitter, Facebook and YouTube are also on their
side. So I have come up with a sting operation.
（ツイッター、フェイスブック、ユーチューブも向こ
う側に付いている。それでおとり作戦を思い付いた）

M: Sounds interesting!
（面白そうですね）

D: I know they are working on a large-scale election
fraud. That is their only card they have. Then why
not let them play this last card?
（大掛かりな選挙不正をやっているのは知っている。
向こうにはそれしかカードがない。であれば、その最
後のカードを切らせようじゃないか）

M: You mean you're gonna deliberately let sleepy

Joe win?

（寝ぼけたジョーにわざと勝たせるっていうことですか？）

D: Mack, you are smart pants! We will use all legal means to challenge, but the judiciary system is also corrupt. They will elect the clown as the next President.

（マック、切れるじゃないか。あらゆる法的手段に訴えるけど、司法も腐っている。彼らはあの道化師を次期大統領に選ぶね）

M: You will dare not concede!?

（敗北宣言するんじゃないでしょうね？）

D: Not in my life-time! I'm gonna let them come out of the swamp to celebrate. While I stay quiet and look defeated, they will show their true colours.

（するわけないだろう。ドブから出させてお祝いさせるのさ。静かにしておいて負けたように見せておけば、正体を現すね）

M: Hmmm, Donald, you are smart pants too!

（ふむ、ドナルド、あなたも切れますね）

D: I have the top generals as well as a huge number of MAGA supporters on my side. No doubt we will win eventually.

（軍のトップと膨大な数のMAGA〈Make America Great Again〉運動の支持者がこっちに付いている。

最後は間違いなく我々が勝つね）

M: When will you crack down on them and return to power?

（彼らをやっつけて政権に返り咲くのはいつですか？）

D: It is already under way, but I will not be able to disclose the decisive timing to you.

（もう進行中だけど、決定的なタイミングは明かせないね）

M: You are very sneaky! It may turn out to be what no Hollywood blockbuster can beat.

（けっこう裏でやっているのですね。ハリウッド映画の大ヒットもかなわないようなものになるかもですね）

D: Let's see what happens!

（どうなるか見てみよう）

　トランプの最後の一言は、敵が自分のシナリオどおりに動くと自信を持っているときに彼が使う表現です。

タイムスリップ

　以前からぜひ一緒に記念撮影を、と思っていてなかなか機会がなかったのですが、最近になってようやく撮影に成功したのが右の写真です。

　向かって左がルーズベルト大統領、右がチャーチル

首相です。ロンドンのボンド・ストリートにあるベンチに腰掛けて談笑しているところに割って入ったのです。

1945年２月の、スターリンとのヤルタ会談の前に２人が第二次大戦後の世界をどうするか相談していたのですが、立ち聞きは失礼だと思い仲間に入れてもらいました。メールの件名を**a historic reunion（歴史的再会）**にして、このときの様子を友達への挨拶代わりに送りました。

'I finally had a chance to sit down with Roosevelt and Churchill who were discussing what to do with Europe, ahead of the Yalta Conference with Stalin. Churchill innocently asked Roosevelt, "What are we going to do with Japan?"'

（ようやくルーズベルト、チャーチルと膝を交えて話す機会がありました。２人はスターリンとのヤルタ会談を前に、ヨーロッパをどうするか話し合っていました。チャーチルがルーズベルトに無邪気に「日本はどうするんだ?」と尋ねました）

'To which Roosevelt replied, "What the hell are you

talking about? It is none of your business. Leave it to me!'"

(ルーズベルトは「何を言ってるんだ。君の出る幕じゃないよ。ワシに任しておけ」と返答しました)

'They cheerfully and promptly agreed, however, that France should not be invited to the Conference.'

(しかし、会談にはフランスを招かない、という点で2人とも陽気に、即合意してました)

　　もう1枚はルーズベルトに話しかけているシーンです。こちらは相手が戦勝国の大将なので、ストーリー作りにやや苦心しました。FDRはFranklin D. Rooseveltの略です。

M: FDR, I heard it through the grapevine that you are planning to drop a weapon of mass destruction on Japan.

(FDR、大量破壊兵器を日本に投下しようと計画しているという噂を耳にしたんですが)

FDR: Mack, size matters in my country, you know.

（マック、我が国ではサイズがモノを言うんだよ）

M: Winston told me that you actually possess more than one! You are going to kill tens of

thousands of civilians! You are worse than Saddam
Hussein!

（ウィンストンから聞いたんですけど、2つ以上も持っ
ているそうですね。市民を何万人も殺戮するんですね。
サダム・フセインよりワルですね）

FDR: Who the hell is that? I don't give a damn. That
is not everything. I also struck a deal with Stalin
over the northern islands of your country.

（誰のことだ？　そんなのは知ったことじゃない。そ
れだけじゃないぞ。日本の北方領土についてはスター
リンと取引もしているんだ）

M: You seem to want to use whatever resources at
your disposal.

（利用できるリソースは何でも使おうという感じです
ね）

FRD: I've got to show the world who the boss really
is.

（世界に誰が真のボスなのか見せつけなければならな
いのさ）

M: I think you already have.

（もうすでに見せつけたんじゃないですか）

　戦後の世界をどうするか、という重要なテーマにつ
いて大物2人がショッピング街のベンチで相談してい
るというのはロンドンならではです。しかも、一緒に
記念撮影できるスペースを取ってあるのは嬉しい限り

ではないでしょうか。

　ご存じの方も多いと思いますが、ルーズベルトの**'size matters'**という表現は通常、暗に男性器について言うときに使われる表現だ、ということを付け加えておきます。

　なお、ルーズベルトは1945年４月に他界し、広島、長崎に原爆を投下したのは後任のトルーマンでした。

母国を醒めた目で解説

'In Japan, you have a new prime minister again?'
（日本じゃ、また新しい首相が誕生したのか？）

　若い同僚のトムが朝一番に話しかけてきました。鳩山由紀夫が首相に就任した2009年９月のことです。日本のニュースもちゃんと追っているぞ、と言わんばかりです。職場では普段は筆者を日本人として意識していない同僚も、日本で新首相が誕生というと、それなりの話題にしたくなるようで、筆者の見解を求めてきます。世界のマクロ経済を追っている会社だからで、一般のイギリス人の間では日本の政治なんて「日本に政治があったの？」というくらい関心がありません。世界に対して何か訴えているわけでも何でもないので、コップどころかおちょこの中の嵐に誰も見向きもしないのです。

　経済に至ってはこの20年以上、長期低落傾向に何の変化もないのでニュースバリューまったくなし。BBC

でも日本のことを取り上げるのは、他にこれといって
ネタがないときで、イギリス人から見ると奇異に映る
社会現象などを埋め草的に紹介して視聴者に楽しんで
もらおう、といった編集姿勢がうかがえます。

　筆者は白髪をやや長めに伸ばしているので、ちょっ
と日本のことを知っているヨーロッパの連中から、「日
本の首相（小泉）に似ているね」と嬉しくも何ともな
いことを言われたことが何回かあります。こういうと
きは

**'I don't mind him looking like me but I don't want to
look like him.'（向こうがこっちに似ているぶんには
構わないが、こっちは向こうに似ていたくないね）**

　と言うことにしています。

　さて、トムのコメントですが、「いやあ、日本には
まともな政治家はいないのよ」などと嘆いてみたとこ
ろでまったくウケません。そこで、

**'You love everything old...old buildings, old cars,
old brands, old institutions, old days. Maybe not
old women. You even give old effects to new
things. Japanese adore new, fresh things...new
houses, new bridges, new roads, new fashion, fresh
fish. Japanese brewers launch new beer brands
every summer and winter! Prime ministers are no**

exception!'
（君たちは何でも古いものが好きだね。古い建物、古
い車、古いブランド、古い行政機関、古い時代。年増
の女性は別かな。新しいものでも古い感じに仕上げる
ね。日本人は新しくて新鮮なのが好きなんだ。新築の
家、新しい橋、新しい道路、新しいファッション、新
鮮な魚。日本の酒造メーカーは毎年夏と冬に新しい
ビールブランドを売り出すね。首相も例外じゃないの
さ）

　するとトムが
'So you will have another prime minister in a year's
time?'
（じゃ、１年後にはまた新しい首相が誕生するのか？）
'Sometimes I feel sorry for them. They don't stay in
office long enough to hold a "bunga-bunga" party
like Berlusconi does.'
（日本の首相には同情したくなるときがあるね。あま
りに在任期間が短いのでベルルスコーニのように「ブ
ンガ・ブンガ」パーティーを楽しむチャンスもない）

　トムの「１年後にはまた新しい首相が誕生するの
か？」というイエス・ノーの質問は試験問題でもなけ
れば投資家説明会で訊かれているわけでもありませ
ん。真剣に取り合うことはないのです。第一、答えは
誰にもわかりません。'Who knows?'（誰が知るか）

で受けてもいいのですが、単なるおしゃべりなのでテンポ良く進めた方が楽しい会話になります。

　こういうのにいちいち律儀に対応しているようではいつまで経ってもユーモア感覚は育ちません。

バツが悪いときの助け船

'It's not very sticky!'（くっつきが良くないね）

　ある年の2月14日のことです。普段は英仏海峡にある小島、ジャージーに住んでいるイギリス人の友人、ヒューがロンドンに来たので、2人で久しぶりに中華料理を共にしました。彼とは8年間同じ職場で過ごしたので、当時の同僚は今どうしている、といったよもやま話に花が咲きます。

　彼が注文したのはチャーハン。箸で食べようとすると、米粒がパラパラと器に落ちてしまい口まで届きません。苦笑いしながら口をついて出たのが冒頭の表現です。

　仕事で世界を飛び回る彼でも普段は中華、和食はあまり食べません。食べるものには関心がなく、ましてやこだわりなどはこれっぽっちもないという典型的なイギリス人。舌が肥えていないので、旨いかまずいかの判断もできません。

　しかし、エチケットには気を配ります。東洋の食事は箸で食べるもの、マナーを守らなければ、と単純に思っているので、チャーハンを盛った器に差してある

れんげに気が付きません。ウェイターが最初にそのれんげを使って彼の茶碗に少量盛ったので、れんげは盛り付けに使うものと思っているようです。しっかりチャーハンを食べるには器を口まで運んで箸で掻き込むしかありませんが、そういうのは下品だと判断しているのか箸に固執します。律儀な、よくいるタイプのイギリス人なのです。

　筆者は彼が箸に慣れていないはずはない、と思っていたので最初は気が付きませんでした。かわいそうに何度もトライしますが数粒しか口に入りません。

M: Oh, Hugh, it is Chinese rice. It doesn't have much starch in it. Use the spoon!
（ヒュー、これは中国米なんだ。あまり糊が入っていないのさ。スプーンを使えよ）
H: Oh, OK!
　彼はちょっと恥ずかしそうな表情を見せました。そこですかさず救命ボートを繰り出しました。
M: Hugh, Chinese rice and Japanese rice are just as different as people from the two countries. Chinese behave as individuals, whereas Japanese stick together and act as groups. You can never make 'sushi' with Chinese rice.
（ヒュー、中国米と日本米は中国人と日本人と同じくらい違うんだ。中国人は個人で行動するけど、日本人

はくっついてグループで行動するのさ。中国米じゃ、絶対にスシは握れないね）

M: Ah, hahaha!

　気恥ずかしい思いをしたときの、ちょっと矛先を変えたユーモアには誰でも救われます。

　お互いに中国茶を飲みながら食事を楽しみます。彼のお茶が少なくなるたびに、筆者は急須を持って、彼の湯飲みにお茶を注いでやります。もう一度というときに、今度はヒューが申し訳ないと思ったのか、筆者の差し出した急須の注ぎ口のところに右手で持った湯飲みをかざし、湯飲みの底を左の手のひらに乗せ

H: Is this the way a woman holds it?

（これは女性の持ち方かな？）

　こういうときの「湯飲みの正しい持ち方」に自信がないのです。できるだけエレガントに、と思ったのかもしれません。しかし、これはいただけません。

M: Please don't, Hugh! Be careful! This is Valentine's Day.

（ヒュー、やめてくれ！　気をつけてくれよ。今日はバレンタイン・デーだぞ）

　周りが全部男女のカップルというわけではありませんでしたが、男2人が小さなテーブルに向かい合わせで、親しげな会話をしながらバレンタイン・デーに食事をしていること自体、何だかなという感じです。

支払いを終え、外に出るときはお互いにちょっと距離を置いて出口に向かったのですが、余っていたのでしょう、ウェイトレスが一輪の赤いバラを持って追いかけてきました。彼女には

M: You should keep that to yourself!
（それは自分に取っておいたらいいよ）

　と言って早々に立ち去りました。

良家の出の紳士もユーモアで味方に

　約5年前に、グローバル・アセット・マネジメントという世界でも有数のヘッジファンドに勤務する友達のマーチンに紹介されて親しくなったジョナサンという50代のイギリス人がいます。

　彼の話し方、英語のアクセント、身のこなしから良家の出であることがうかがえます。前年までミュージカルの『キャッツ』や『オペラ座の怪人』の作曲家として有名なアンドリュー・ロイド・ウェバーのファミリーオフィスの役員を14年間務めていたという人物です。今は高級不動産のコンサルティング会社をやっています。

　彼の趣味は狩猟で、ショットガンを2丁持っています。弁護士、会計士など、中の上クラスのビジネスマンには狩猟が趣味という人がけっこう多いのです。スコットランドで休暇を過ごすときのチャールズ皇太子の身なりを想像してください。イギリスでは狩猟はそ

れなりの人たちが、ブラウンやグリーンを基調とした
伝統的な服装に身を包んで楽しむ高級スポーツなので
す。残念ながら日本では反社会的な活動に従事してい
る方々に人気がありますけれども。

　このジョナサン、近々また会いたいと電話すると、
J: Sorry, Mack, I'm going to Cuba next week for 10
days with my friends...for fishing. Fishing is my
another hobby.（ごめん、マック！来週から10日間、
友達とキューバに釣りに行くんだ。釣りも趣味なんだ）
M: Are you going to have 'sashimi' on board? You
should take Japanese knives...the best in the world.
All top chefs in the world have one.（船上で刺身を
食べるのかい？　日本製の包丁を持って行った方がい
い。世界一だぞ。世界中の一流シェフが持っている）
J: We catch fish, take pictures and let it back to the
sea. But I like knives.（釣り上げたら写真を撮って海
に返すんだ。でもナイフは好きだね）
M: You like knives? And guns! You are a dangerous
man!（ナイフが好き？　銃もか？　危険な奴だね）
J: Ah,ha,haha!
M: Japanese knives and scissors are superb. We have
a long tradition of swordsmith, you know Samurai
blade forging.（日本製のナイフ、はさみは最高だね。
日本には刀鍛冶の伝統があるから。サムライの刀の鍛

造を知ってるでしょう）
J: I want to buy good Japanese knives and scissors. I need your advice when I'm back. （日本製のナイフ、はさみを買いたいね。戻ったらアドバイスしてくれ）

　キューバでの釣りなら大物狙いに違いありません。
M: I bet you will catch a monster from the water. Don't let it catch you into the water! （バカでかいのを釣り上げるんでしょう。魚の方に捕まえられて海に引っ張り込まれないように！）

　「魚を捕まえる」方にcatchを使ったので、逆に「魚の方に捕まえられて」という面白味を出すために後半部分でもあえてcatchを使ってみました。この使い方が正しいという確信はなかったのですが、ジョナサンには筆者の言わんとすることが間違いなく伝わりました。
　後で別の友達が「そこはpullの方が正しい」と言ってくれたのですが、ジョナサンは筆者の博士論文の審査官でも何でもないので気にすることはないのです。
　第一、筆者に博士号は似合いませんし、博士論文を書く能力もありません。ネイティブに、ひょっとしたら別の使い方もあるのかな、と思わせるくらい自信を持って言えば、それがスタンダードになるかもしれません。

　しかし、なかなか余裕のある人生を送っているジョナサンです。アンドリュー・ロイド・ウェバーの不動産、ワイン畑、著作権、絵画といった資産を管理しながら、一部をこっそり自分のものにしたのかも……と疑いたくなるほどです。

　ちょうどその頃、筆者は少しずつ中国関連の投資案件の発掘に努めていました。たまたまその話題になったときに彼が昔、勤めていた高級不動産建設会社の同僚で、不動産投資で財を成し、中国に投資会社を設立しているピーターという人物がいると言います。『サンデータイムズ』紙のリッチリストにランクされるくらいの大物だそうです。関心があると言うと、すぐにその会社のウェブアドレスを送ってくれました。このピーターとは中国で一緒にできることがあるのではないかと思い、

M: I wanna meet him.（彼に会いたい）

　というメッセージを送ったら、

J: Mack, he is a Taipan! He was recently awarded an honourable citizen title in China.（マック、彼は大班〈外国人ビジネスマンの大立て者〉なんだ。最近、中国で名誉市民の称号をもらっている）

M: He must be playing the local politics correctly. That's even more interesting.（現地の政治にうまく

取り入っているんだね。それならなおのこと興味がある）

　すると、ちょっと躊躇しながら

J: Uh, well...yes, I can introduce you to him. I speak to him from time to time myself. And he is ....approachable.（うむ、そうだね。紹介できなくはないよ。時々彼とは話をしている。彼は……親しみやすい感じかな）

　approachableということは、やや雲の上の存在だ、ということを匂わせているようです。そこで

M: Jonathan, I am approachable as well.（ジョナサン、ボクもapproachableだよ）

　と振りましたら

J: Yes, Mack, you are. Wait till I come back from fishing.（そうだね、マック。釣りから戻ったら連絡するよ）

　別に大物であろうと何だろうと怖じ気づくことはありません。ジョナサンがどの程度親しいのか、どの程度彼に影響力があるのかのテストにもなります。

M: Hope you will not be eaten by a Jaws.（ジョーズに食べられないようにね）

ヘッジファンド・ブルース

　「ヘッジファンド・ブルース」って知ってる？

　こう尋ねて「知っている」という人はまずいませんが、金融界にいたことのない人でも何か面白そうだ、と反応します。

　実は「ヘッジファンド・ブルース」は筆者が1999年に自ら作詞し、歌い、自主制作したシングルCDのタイトルです。作曲、録音はプロのミュージシャンに頼みました。

　同じ年の秋にアメリカの専門誌が目次の次の4ページに写真付きで、この曲を取り上げてくれました。と言っても、これは音楽雑誌ではなくて『デリバティブズ・ストラテジー』という金融専門誌です。

　1998年秋に当時世界最大のヘッジファンド、LTCM（ロングターム・キャピタル・マネジメント）が破綻した、というニュースに接してインスピレーションが湧いたのです。

　LTCMは破綻直前まで飛ぶ鳥を落とす勢いで、世界の名だたる機関投資家や資産家が運用を委託していました。日本からは当時の住友銀行が投資していました。

　その驚異的なリターンは世界の垂涎の的でした。何せLTCMの経営陣にはノーベル経済学賞受賞者のマイロン・ショールズ、ロバート・マートンがいて、彼らの理論を応用した高度な金融工学に基づく運用手法が相場に負けるはずはない、と誰もが信じていたのです。

ところがどっこい、前年のアジア通貨危機、続く
1998年のロシア財政危機という予期しない事態、統計
学で言うところの「テール・リスク」に遭遇し、あっ
という間に破綻してしまいました。

　筆者はその道の権威やエリートがコケる、というこ
とがたまらなく好きで、「破綻」にはブルースがぴっ
たりだ、この機に歌にしようと思い立ち、数日で詞を
書き上げました。

　サビの部分だけご紹介しますと
Hedge fund blues
The banks start to squeeze
Hedge fund blues
Dare not sneeze
Ain't no more fun
When all we wanna do is run
というものです。

　和訳するのが難しいのですが、要は「大博打を張っ
ていたんだが、負けが込んで銀行から締め上げをく
らっている、手仕舞いするしかない、運用の楽しみも
終わりだ」といった内容です。

　相場は上がるときはゆっくりで下がるときは速い、
入るときよりも出るときが難しい、底値で買って天井
で売ることはまず不可能というもので、これはユニ
バーサルに言えることです。日本語に限らず相場の格

言として言い古されているのはそのためです。こうい
うのはユニバーサル・アイロニーとでも言うべきもの
でしょう。

　事業の起ち上げと売却、借金と返済、結婚と離婚と
いった相場以外のコンテキストにも転用できそうで
す。

事実と大嘘の境界線で楽しむ

　海外では日本は超ハイテク国家で何でも自動化、コ
ンピューター化されているという認識が定着していま
す。

　先日、日本に行ったことがないスペイン人X君が

**X: Japan is well known for its high technology.
（日本はハイテクで有名ですね）**

　と話しかけてきました。そこで

**M: In Japan there are no more human receptionists.
They are all replaced by robots.（日本には生身の人
間の受付はもういません。全部ロボットがやってます）**

　と言いましたら

X: I'm not surprised.（そうでしょうね）

　と本気にしました。

X: Do they speak English?（英語はしゃべるのか？）

　と訊いてきたので

**M: Of course not! They are JAPANESE robots.（もち
ろんしゃべりません。日本製ロボットなんですから）**

とJapaneseのところを強調して言いました。さらに
たたみかけて

M: What is nice about them is that they never ask for a raise. Moreover, they are all pretty female robots in sexy uniforms!（ロボットのいいところは昇給を要求しない点です。それだけではなく、皆セクシーな制服を着たきれいな女性ロボットなのです）

　これで大笑いなのですが、大半の外国人は日本では日本語ができないとにっちもさっちも行かないと思っている点を誇張してみたわけです。また、日本人には欧米人からするとやや気味悪いと思われがちな、マシンにも人間くささを持たせようという配慮が働く点を捻ったものです。
　ハリウッド映画などにはヒューマノイドが登場しますが、現実の世界ではロボットはマシンらしさを残しています。

少子高齢化問題への妙案

　もう５年くらい前のことですが、友達のマーチンと１時間ばかり話す機会があり、そのときに日本の少子高齢化問題が話題になりました。彼はどう思っているのかと思い、

M: What is your answer to the aging and shrinking population?（少子高齢化に対する君の答えは？）

と訊いてみました。

B: Well, of course, more kids!（それはもちろん産めよ、増やせよだろう）

　注：マーチンもMで始まりますので、区別するためにここでは彼の姓の頭文字を使います。

　確かにそうです。しかも非常に深刻な問題です。しかし、根が真面目なマーチン、そこから先にユーモア溢れるアイデアが出て来ません。そのときは別の本題があり、筆者も妙案がすぐに思い浮かばなかったのですが、彼と別れ、ひとりで歩き出したときに

　'Oh, yes, ban condoms and pills!'（そうだ、コンドームとピルを禁止すればいい） と思いました。しかし、待てよ、それはコンドームとピルの闇取引を蔓延させることにならないか？　密輸入をどうやって食い止めるのだ？　アメリカの禁酒法（**prohibition**）みたいなバカげた法律は良くない、などと、ない頭をこねくり回します。

　帰宅してからマーチンにお礼のメールを書き始めたときに、ふつふつと「建設的な」アイデアが出てきて夜11時頃に次の案を送りました。

'I have come up with the ultimate policy to tackle the problem of aging population:

1. 1,000% consumption tax on condoms and pills

2. higher income tax on childless couples
3. income support to foster parents of illegitimate children
4. progressive child support (the more kids, the more support)
5. no power supply nights (candle-lit bedrooms encouraged)'

(高齢化問題に対する究極の政策を思い付いた。1.コンドームとピルに1000%の消費税をかける。2.子供のいない夫婦に対する高い所得税率。3.非嫡出子の里親への金銭的補助。4.累進的な養育費支給〈子供の数が増えるほど養育費の支給額も増える〉。5.停電の夜を導入する〈寝室に「ろうそく」を奨励する〉)

　最後の5は節電にもなり、「自家発電」のメリットを再認識するという一石二鳥の妙案と思いますが、筆者よりはるかにクリエイティブな案をお持ちの読者もおられるでしょう。

　日本のことを多少でも知っている外国人なら、日本が少子高齢化先進国であることを承知しているので、この問題に対するユーモア溢れるアイデアを用意しておくことをお薦めします。

スシネタを活かす

　先にボリュームのあるステーキを食べてしまい、相

手がかなり満腹状態であることが察せられるときに「スシ食べられる？」と言いたいような場合は'Can you eat "sushi"?'と'eat'を使って差しつかえないのですが、一般的には'Can you go for "sushi"?'というふうに'go for'の方が適切です。

しかし、すでにスシ・カウンターに陣取っているのに、毛むくじゃらのスシ職人がやはり鬱蒼とした鼻の穴をほじくった指を使ってトロを握っているのを目撃してしまった場合なら、連れに'Can you eat "the" sushi?'と小声で訊くことができます。この場合はスシ一般についてではなく、この「特別の」味付けのしてあるスシを指しているので'the'を付けなければなりません。日本人が苦手な定冠詞の使い方もこういうふうに教えられたら即理解できるはずです。

'Can you eat "sushi"?'という問いかけがこのように受け止められる、ということを十分承知のうえで、これに相手がどう反応するかで相手の性格をある程度掴む、という意地悪なこともできます。

さらに、わざと間違えて、いきなり'Can you eat the sushi?'と訊いて相手が'What "sushi" do you mean?'（どのスシのことだ？）と訊き返してこないようであれば、'the'があるかどうかという些細なことにはこだわらない人物なのだ、「theの使い方がわかっていな

い日本人の典型だな。言わんとしていることはわかる。まあ、いいだろう」と思って無視しているか、あるいはネイティブでなければ我々同様、定冠詞の使い方をちゃんと勉強していないのだ、という判断もできます。これは通常の文脈においてであって、実は訊き返してこない理由は考え上げればキリがありません。

'Do you like/fancy "sushi"?'（スシはお好きですか？）は問題ありませんが、あまりに月並みです。これから一緒に食事に行こう、という状況であることがはっきりしていれば、'Is "sushi" on top of your list?'（スシはリストの一番上に来ていますか？）、相手の目を覗き込みながら'I can see "sushi" in your eyes.'（目の中にスシが見えていますね）、あるいは両手でシャリを握るしぐさをしながら'Would you like to squeeze in some "sushi"?'と言うと印象付けられます。squeezeは「握る」という意味ですがsqueeze inというと「狭いところに押し込む」という意味で全体に洒落た表現になります。相手が機内食で腹一杯かもしれないと察せられるようなときには最適です。squeeze inはあることをタイトなスケジュールに押し込む、という場合にも使える便利なフレーズです。

相手が嬉しそうに同意してくれたら'Good! Pleasure before business!'（OK! 仕事より楽しみ〈遊び〉が先だ）で受けてはどうでしょう。普通は'Business before pleasure!'なのですが、これをひっくり返すわけです。

ただし、**'pleasure'** は歓楽街での遊びを連想させるので異性に対して使うときは気をつけたいものです。

　スシの世界的な人気は、最近、在英ブラジル大使館でのブラジル投資勧誘セミナーで立ち話をしたアンゴラ人女性の「ついこの間、首都のルアンダにスシ・レストランが開店したわよ」というコメントでも裏付けられます。「大西洋を渡った隣のブラジルに住む日系移民がオーナーかもしれないわ。アンゴラはブラジルと同じく元はポルトガルの植民地だったのでブラジル人もたくさんいるのよ」。

　在英ドミニカ共和国大使館主催のレセプションで知り合ったソマリア出身でエチオピア国籍のビジネスマンは「ソマリアで水産加工業をやりたいんだが、日本の投資家を知らないか？　ソマリア沖は海賊のお陰で乱獲されずに、まぐろをはじめ漁業資源が豊富にある。海賊〈産業〉は西アフリカの方に重点を移しつつある。親戚がソマリアに住んでいるので現地のナマの情報を知っている。もちろんリスクはゼロではないが世界的なスシの人気はまだまだ続く。ネタ不足は解消されない。どうだ？」と話しかけてきました。

　筆者が日本人であることを確認すると、「ロンドンで一番旨いスシ・レストランはどこか？」という相談を受けることがよくあります。これに対しては**'I am**

involved with a wide range of things but rating sushi restaurants in London is an exception.'（ボクはいろんなことをやっていますが、ロンドンのスシ・レストランの格付けは例外です）、あるいは**'I am not a "sushi" authority.'**（ボクはスシのオーソリティーではありません）と返答したりします。「日本人？ならばスシを食べないはずはない。旨いスシ・レストランについては日本人に訊くに限る」という類型化をユーモアでいったん皮肉って相手の懐具合を察しながら1、2軒名前を挙げてみることもあります。

'Do you assume every Japanese eats "sushi"?'（日本人は誰でもスシを食べると思っているのか？）とちょっとビックリさせてから**'Actually, everyone does! It is easy to swallow and digest. Even babies eat "sushi".'**（実はそうなんだ。簡単に呑み込めて消化もしやすい。赤ん坊でも食べる）と言ってみることもあります。細かいことですが、ここで**'Actually, we all do!'**としてもいいのですが、**'we'**よりも**'everyone'**を使うとやや客観的、記述的で一層面白く聞こえます。気が合ったら**'Shall we?'**で「行こうか？」と促します。「ロンドンで一番旨いスシ・レストランはどこか？」という質問に真剣に悩むことはありません。これはほとんど単なる挨拶なので、むしろユーモアでかわした方がいいでしょう。そうすると相手がガードを下げます。こういうユーモラスな表現ができると、前述のよ

うに思いがけなくアンゴラやソマリアの情報も入って
くるのです。

ロンドンをこきおろす

　ケイト・ウィンスレット（『タイタニック』などの
ハリウッド映画で大成功しているイギリス生まれの女
優）が「アンバサダー」を務める、チャリティー団体
を運営しているイギリス人男性エイドリアン（50代？）
とアイルランド人女性リサ（30代？けっこう美人）の
２人と初対面で食事をする機会がありました。

　挨拶代わりにエイドリアンが
A: Mack, how long have you lived in London?
（マック、ロンドンに住んでどのくらいになるの？）
　と訊いてきたので
M: Over 25 years!（25年以上だね！）
　と正直に答えました。
A: So you like London?
（じゃあ、ロンドンが気に入っているんだね？）
　大好きなわけでもありませんが、ロンドンが気に
入っていないなら25年以上も住むわけがありません。
しかし、「はい、好きです」では面白くも何ともない
ので
**M: I am fed up with London. I hate this multicultural
society.**

（ロンドンにはウンザリだね。この多文化社会は大嫌いだ）

　ロンドンは世界中からいろんな連中が来て住んでいる多民族社会。肌の色、言語、文化……何でもありです。世界最古の動物園と言えば「ロンドン動物園」ですが今や首都全体が動物園と化しています。筆者もそのうちの一匹であるのですが、これで２人とも大笑い。続けて

M: But I love the climate, food, traffic, chewing gum on the pavement, dry-cleaning, and above all, the good service of the Tube!（でも気候、食べ物、道路〈の混雑〉、路上のチューインガム、ドライクリーニング、そして何より地下鉄の「グッドサービス」は大好きだね）

　これにはあえて解説を付けることもないでしょうが、ロンドンの地下鉄（愛称「チューブ」）は運転士組合の都合で運行されていると言っても過言ではありません。ダイヤなんていうのはあってなきがごとし。最近はほとんどの駅の改札近くに電光掲示版が設置され、各路線の運行状況がリアルタイム（?）で表示されています。こんなものがあること自体、日本で言う「平常運転」というものが存在しないことの証しです。遅延、運行休止の最も手頃な言い訳が**signal failure（信号機の故障）**ですが、腹を立てる乗客は皆無。その程

度のことで怒っていてはロンドンでは生き延びられません。遅延、運休があるのが「平常運転」なのです。とりあえず支障なく運行されていれば'Good service'で'good'が最上級だから呆れます。

M: When 'good service' is operated on all lines, that is a miracle. If it continues for several days, it means signals are not working normaly. A miracle shouldn't last long.
（全路線の運行がグッドサービスなんていうのは奇跡だね。それが数日続くと信号機がちゃんと作動していないっていうことさ。奇跡は長続きしてはだめだね）

ついでに日本も料理

　あってなきがごときダイヤに慣れているイギリス人は、日本の公共交通機関の時間通りのサービスに目を見張り、自分の国ではいかにいい加減なサービスを漫然と受け入れているかを思い知らされます。これは両国の設備投資額の差によるものではなく、国民性の違いなので、どこまで行っても縮まりません。生物多様性と同時に、国民性にも多様性があるから面白いのです。

　イギリス人に限らず、日本の公共交通機関サービスについて否定的なコメントを言う外国人はほとんどいないでしょう。むしろ賞賛の言葉が聞かれるはずです。

しかし、そこを「これは日本の誇りです」「世界が真似のできない優れたサービスです」で受けては面白くも何ともありません。しかもイギリス人が言っている場合は素直に賞賛しているとは限らないこともあるので注意が必要です。優秀なのは誰もが認めているのですから、あえてそれを肯定することはありません。

'Japan is a punctual nation. Everything is run on time. There are no such things as disfunction, disorder or disruptions. So we don't know what to do with them.'（**日本は時間厳守の国なのです。何でも時間通りに行われます。機能不全、無秩序、中断なんていうものは存在しません。だから、そういうものにどう対処したらいいのかわからないんです**）

　日本では規律が比較的自主的に形成されます。一方、中国では押しつけ、見せつけないと規律、統制が保てません。北京オリンピックの開会式の一糸乱れぬシンクロナイズされたパフォーマンスは諸外国に向けてだけでなく、中国国内に向けた面が相当あったはずです。これとは対照的に、2012年のロンドン・オリンピックの開会式では女王陛下がジェームズ・ボンドと一緒に上空のヘリからパラシュートを操りながら会場に降りてくるという小憎らしい演出をやっています。
　2021年に東京オリンピックが開かれるとしたら、開会式ではどんなエンターテインメントがハイライトと

して組まれるのでしょうか？　可愛らしさを前面に押し出したアニメのキャラクターばかりではなく、大人も楽しませるような粋な演出を期待したいものです。

　と思っていましたら、ヨーロッパのエリートが高邁な理想を掲げてグローバル化に利用してきたイベントも、どうやら賞味期限切れが近づいているようです。

捻りのエスニック・ユーモア

　ある豪華客船で火災が発生し、船上に留まれば焼死するのみ。乗客をいち早く海に飛び込ませるため、機転の利く船長がどうするかといえば、

　アメリカ人には**「今飛び込めばヒーローになれるでしょう」**
　イギリス人には**「こういうときにこそ紳士は海に飛び込むものです」**
　ドイツ人には**「規則ですので飛び込んでください」**
　フランス人には**「決して海には飛び込まないでください」**
　イタリア人には**「海で美女が泳いでます」**
　ロシア人には海の方を指して**「あっちにウォッカが流れていきました」**
　中国人には**「おいしい食材が泳いでますよ」**
　日本人には**「みなさんもう飛び込んでますよ」**

と言って期待した行動を促すという、かなりよく知られたジョークがあります。

　こういう国民性、民族性などを皮肉ったジョークをエスニック・ユーモア、エスニック・ジョークと言います。「エスニック」は料理だけではないのです。
　特定の個人に対して、こういう極端な一般化、類型化は避けなければなりませんが、なるほどと頷ける部

分があることも否定できません。大衆的行動、国家の歴史、政治的選択、交渉、外交といったことにある程度示唆を与えてくれる場合もあるので、筆者は機会あるごとに失礼にならない程度に国籍を訊くことにしています。

　数年前、ブラジル大使館のパーティーに呼ばれたときに背の高い若者と話す機会があり、ブラジル人か、と訊いたら「国籍はブラジルだがロシア生まれで、大学はアメリカ、仕事で南アフリカにも３年住んでいたことがあり、今はイギリスでビジネスをやっている」とのこと。彼の意見には非常に興味がありましたが、サンプル対象外です。

　これまでにも筆者独自のエスニック・ユーモアを紹介しましたが、グローバル・シチズンとしてはアメリカ、イギリスの２カ国を除くG７もネタにできるようにしたいものです。

'Are you Canadian?' で逃げる

　アメリカ、イギリス、オーストラリア、ドイツ、フランス、イタリア、ロシア語訛りの英語はかなり慣れてきて、ちょっと話せばどこの国の出身なのかだいたいわかるようになりましたが、カナダ人の英語は判別に苦労します。出会っているサンプル数が少ないのは確かです。アメリカ英語とイギリス英語の中間という

あたりなのでしょうが、特徴が掴めません。カナダ人は冒頭のエスニック・ユーモアにも登場しません。なぜかと言えば、そもそもその客船に乗り合わせていないからです。

カナダの面積は日本の27倍もありますが、人口はイタリアよりも少ない4000万人弱。カナダは経済的には実質上アメリカの属国で、国際電話の国番号もアメリカと同じ。どうしても影の薄い国です。

ちょっと言葉を交わしたところで**'You are American?'** と当てずっぽうで訊いてしまうと、それだけで、イギリス人以上にさんざん肩身の狭い思いをしているカナダ人の心象を害してしまいます。国籍の判別が難しい場合は**'Are you Canadian?'** と訊いた方がいいでしょう。最後に**'by any chance?'**（ひょっとして）というのを付けてもいいと思います。いずれにせよ、この質問で気を悪くする人はほとんどいないはずです。

実際にカナダ人だった場合は向こうがビックリするでしょう。**'How did you know?'**（どうしてわかったんだ？）と訊き返してくるに違いありません。

'Well, it is unmistakable. Canadians are least offensive people on earth.'（それは**間違いようがな**いですよ。カナダ人はこの地球上で最も非攻撃的な国民です）なんて言うと喜ぶでしょう。

これで打ち解けたら、**'Your ancestors were Ameri-**

cans who ended up in Canada to escape from the FBI?'（先祖はFBIの追跡を逃れるためにカナダに渡ったアメリカ人なのでは?）、と訊くと、'How did you know that too?'（どうしてそれもわかったんだ？）という具合に楽しいキックオフになる可能性があります。

'Rules apply to everyone'...in Germany

「こら！　どこ見て歩いているんだ！　どけ！」

　ドイツ、デュッセルドルフ郊外の歩道を歩いていたときのことです。10メートルほど先で反対方向からやって来る、自転車に乗った中年の男性に怒鳴られたのです。ドイツ語だったので、とっさには意味がわからず、立ち止まってきょとんとしていると、彼は筆者の手前でブレーキをかけ、英語で「真ん中に引いてある線が見えないのか？　君は自転車用レーンを歩いているのだ」と解説してくれました。

　なるほど歩道の真ん中に線が引かれ、歩行者用と自転車用に分かれているのです。ドイツの事情に疎い筆者は自転車用レーンを歩いていました。歩道の幅はさほど広くありませんが、向こうがちょっとハンドルを切れば十分に素通りできる幅です。しかし相当にご立腹。「郷に入っては郷に従え」と自分に言い聞かせ、その場は謝りました。

　ドイツ人は作ったルールを実直に守ります。社会秩

序を保つために民主的に作ったルールに従うのが市民の責任なので、時々の状況を個々人が判断して自己の責任において行動するなら何のためにルールを作ったのだ、ということになります。勝手にルールを無視する者は市民としての資格がない、という考え方です。先の自転車に乗った男性からすれば、こちらを避けるために歩行者レーンを走れば自分の方がルールを破ることになるので、ちょっとハンドルを切れば済むこと、という発想には至らないのです。

このようにドイツ人はルール大好き。ルールがないと居心地が悪く感じ、実際に明示的なルールがない状況でもルールがあるかのような整然とした行動を志向します。外国人観光客にもこれを要求します。スイス人もこれに近いようです。

ルールに個人の解釈を許さないドイツでは車が来ないと判断できる場合でも赤信号を無視して横断歩道を渡ろうとすると注意されます。ドイツ人には赤は赤にしか見えません。どんな理由があるにせよ、赤信号がふたつも点灯する国はドイツ以外にないのではないでしょうか。

ドイツの公共施設にはそこを利用する者が順守すべきルール、**Hausordnung**という看板、表示があります。**Haus**というのは必ずしも家、建物のことではなく、その場、その施設のことです。**Ordnung**は「規則」に当たるドイツ語。事細かに、かなり小さな文字で延々と記されています。

　'Alles in Ordnung.（All in order.）'と言えば、すべてが秩序どおり、きちんとしている、という褒め言葉で、英語の**'Job well done!'**（よくやった）に相当する使い方もできます。職場などで**'Alles in Ordnung.'**と言えばドイツ人は大喜び。**'Ordnung hat Gott lieb.'**（神は秩序を愛する）という表現もあるくらいです。さらには**'Ordnung ist das halbe Leben.'**（**整理整頓は人生の半分**）ということわざもあります。

　ドイツでうっかりルールに違反してしまった場合、どうユーモアでかわすか？　ちょっと考えたのですが、このアプローチは最初から放棄しなければならないようです。というのも、ドイツ人はユーモアを解さないことで知られているからです。ドイツに行く際には小ぶりのドイツ国旗を持参し、お叱りを受けた場合はちょっと笑顔を見せて目の前で振って見せるのがいいでしょう。サッカーのワールドカップで自国チームを応援する際、2006年のドイツW杯までは国旗を振ることに躊躇していたドイツ人なので、これだけで抱き

つかれてしまう可能性もあります。

　国旗を持参しなかった場合は、上のことわざをたどたどしくドイツ語で言えば堅物のドイツ人でもニコッとするでしょう。Ａ４の紙に書いておいてポケットにしのばせておき、時々取り出して練習するのがいいと思います。どうしてもうまく言えない場合にはその紙を広げて見せれば喜ばれます。

　ドイツ人は過去のいきさつから、国内のルールを国境を越えてまでは要求できないことを十分過ぎるくらいに承知しています。ドイツの若手エリートは徐々に自信を付けてきていますが、今でも自ら懺悔する姿勢を絶えず見せておかなければなりません。

　経済規模、産業競争力で常にドイツの後塵を拝してしまうフランスに今後もそのあたりをチクられるのは間違いありません。ドイツはEUを使ってヨーロッパに影響力を及ぼすしかありません。

'French are born to break rules.'

　フランス人はドイツ人とは正反対。ルールに従わないどころか、ルールを破るのがフランス魂なのです。冒頭の船長はそのあたりを心得ていて、「自分だけは特別なのだ」という自意識が強く、あまのじゃくのフランス人には逆のことを言った方が期待した行動に結び付けられる、と判断しています。日本人とちょうど反対の行動を取るのです。

写真は映画『ジャッカルの日』の冒頭で、ド・ゴール仏大統領他閣僚たちを乗せているフランスの大型高級車シトロエンDS。前はカマキリの顔を連想させる独特のデザイン。右下の写真でわかるようにハンドルに付いているスポークは１本しかありません。

　窓を開けるときは取っ手を前方に向かって回すのだと思われるでしょうが、これが逆。スピードメーターは針の方ではなく文字盤の方が動くという変わり種。個性が強く、走り出すと思いがけない反応を示し扱いが難しいというのが定評です。そもそも大衆車ではない、とは言え、好きな人だけ買ってくれればいい、という押し出しです。
「246種類ものチーズがある国を誰が統治できるのか？」と言ったド・ゴール大統領の発言もフランス人のDNAに埋め込まれた自己主張の強さに言及したものと言えます。裏返せば、フランスは自分のような強力な指導者を必要としている、という自己宣伝でもあります。
　ド・ゴール大統領は「ヨーロッパは馬車だ。ドイツ

が馬で、フランスが馭者だ」とも言っています。屈辱を味わったフランス国民の尊厳を取り戻すためには、これくらいのことを言う必要があったのでしょう。

　20世紀に入って2度もドイツに侵略され、自力では戦勝国になり得なかったフランス。ド・ゴール自身も1940年6月にパリが陥落するとイギリスに亡命しています。フランスは第二次大戦中のドイツ占領下で中部のヴィシーを首都とする親ナチス・ペタン政権を誕生させました。これはフランス人にとっては持ち出して欲しくない歴史の恥部です。
　フランスは第二次大戦では侵攻するドイツ軍に1カ月で白旗を掲げ、また、レジスタンスが頑張ったとは言え、フランスの反撃は連合国側の優勢が鮮明になり出して以降のことで、ド・ゴール将軍も1944年のノルマンディー上陸作戦が成功した後に祖国に戻って戦っています。決してはっきりとは言いませんが、イギリスにはフランス人は身勝手で外見や恰好、スタイル重視、いざと言うときに祖国のために徹底抗戦しない、当てにならない国民という認識があります。

　2012年5月にオランド社会党政権が誕生し、9月下旬には富裕層、大企業を対象にした増税を柱とする緊縮予算を発表しました。ユーロ圏で最も高い、GDPの57%を占める公共支出（ドイツは47%）の削減を見

送りました。これを受け約1カ月後にはドイツの大衆紙ビルトが「フランスは新しいギリシャか？」という見出しの記事を掲載しました。翌月にはドイツの著名なエコノミスト、ラース・フェルト氏も「ユーロ圏の最大の問題はもはやギリシャやスペイン、イタリアではなく、フランスだ。真に競争力を回復させる努力は何もしておらず、それどころか逆方向に向かっている」と語っており、心許ない駆者に馬の方が心配している状況が生まれています。

　ドイツのエリートは馬扱いされたくはないでしょうが、さりとて駆者にはなれないことを十分認識しています。「フランスよ、どこに行くんだ？　一緒にヨーロッパをリードしてくれなければ困る」という心理の表れではないでしょうか。

　パリの大通りだと渡り切るのも大変ですが、赤信号は権力の象徴（？）なので赤に挑戦しない者はフランス人ではありません。赤を見ると無性に違反したくなるのです。

　フランスは市民が革命によって王政を廃止し、自由、平等、博愛を勝ち取った国です。誰よりも自分が一番偉い、と思っている人たちなので、権力者、その権力者が作った規則、法律なんていうのは他人に危害が及ぶようなことがあっても従わないのが当然という態度。何が何でも自らの崇高かつ哲学的目的の達成を優

先させます。

　首都パリの地下鉄には自動改札機が設置されていますが、これを飛び越えたり定期を持っている人の後ろにピタリと付いてすり抜ける者がけっこういます。

　そこで、キセル取り締まりのため改札機の先や出口付近で係員が待ち構えています。駅によっては改札のゲートを高くしてジャンプを難しくしたり、私服の係員を配したり、車内や駅構内には下のような飛び越え禁止のポスターを貼るなどしていますが、ほとんど効果がないようです。取り締まり強化はフランス人の権力、権威に挑戦する意欲を一層掻き立てるだけです。

ポスターの上部の大きなメッセージは訳せば**「改札ジャンプにはプラットフォームで検札が待ち構えています」**、その下の小さい文字の部分は「利用中はマナーを守りましょう」というくらいの意味で、このポスターは、マナー向上を訴える他のポスターとセットになっているのですが、フランス人なら知らない者はいない17世紀の詩人ジャン・ド・ラ・フォンテーヌの寓話詩をモチーフにした、なかなか芸術的な作品なのです。しかし、乗客の側にマナー改善を呼びかけているだけで、徹底的に取り締まるぞ、という決意が感じられないのは筆者ばかりで

しょうか。

　地下鉄運行会社RATP（Régie Autonome des Transports Parisiens）は、パリでは乗客の４％が無賃乗車、損害額は年8000万ユーロと言っています。キセルをする側にRATPという「権威」に対する挑戦という意識があるのかもしれません。

　何と言ってもフランスらしいのは、一部のキセル常習犯が横で連携し、見つかった場合の罰金を払うために現金をプールしていることです。しかも、「この保険制度は罰金の支払いに当てることが究極の目的ではない、公共交通機関の利用は学校教育、医療サービスと同様に市民の権利ではないのか、一部公共支出で賄って運行しているなら、いっそのこと無料にしてはどうか、そういう政治的なメッセージを送っているのだ」と主張しています。

「自由、平等、博愛」を旗印にしているフランスではルールは自分の都合に合わせて解釈すべきもの、さらにそれが思想にまで高次元化してしまうのです。「キセルは個人の当然の権利」にまで化けてしまう可能性があります。

　フランスではイギリスの市民戦争から100年以上経って革命が起きています。1789 ～ 99年の10年間です。象徴的には1793年にルイ16世の処刑がありました。ところが、フランス革命の混乱に乗じて登場した独裁

者ナポレオンがヨーロッパ全土を巻き込み戦争また戦争を展開。ナポレオンがセントヘレナ島に幽閉された1815年以降も内政が安定せず、フランスは経済の疲弊、極端な人口減、財政破綻を経験しています。フランスで「平等」の名の下に個人の「自由」を制限する歴史が続いたことは、フランス人のDNAに組み込まれているはずです。改札口ジャンプが大規模なスケールで起きる可能性を秘めた国と言えそうです。

　2018年11月に始まったマクロン政権への抗議行動、黄色いベスト運動は改札口ジャンプどころではなく、一部が暴徒化し全土に広がりました。マクロン大統領は大衆との対話はおろか厳重な身辺警護が必要な情況です。

'Italians look for a stage to perform on.'

　イタリア人の男性は海で美女が泳いでいるのを見たらすぐに飛び込むか、というとそうではありません。先にアルマーニのスーツなどに身を包んで鏡に映った姿を確認してから飛び込むのです。

　イタリアでは男女ともに**'La bella figura'**（字義上は**「美しい容姿」という意味**）を尊びます。これは単に着ているものだけでなく、行動、マナー、ライフスタイル全般に対する「美しさ」の追求を美徳とするイタリア人の信条を表現しているフレーズです。

イタリア人はフランス人以上に恰好やスタイルにこだわります。この傾向は特にミラノの男女には顕著に見られます。ロンドンの金融街シティでは夏になると大して暑くもないのにサンダル履きでオフィスに出勤する女性たちを見かけますが、イタリアではこれはあり得ません。

上の写真に写っているのは一般の警官より格が上のCarabinieri（国家憲兵）。彼らの制服はヴァレンティーノがデザインしていると言われています。何と彼らの公用車はランボルギーニです。ランボルギーニの方から宣伝用にプレゼントしたようですがCarabinieriだから似合うので、ランボルギーニのハンドルを握ったイギリスの警官はどうやっても想像できません。そばに立つのも似合いません。

映画『007シリーズ』の大ファンのイタリア人の友達（エコノミスト）はジェームズ・ボンドがなぜフェラーリに乗らないのかまったく理解できない、と怪訝な顔でもらします。

イタリア人には赤信号もその時々で黄色や青に見えたりします。「こっちの楽しみを奪わないでくれ」というところでしょう。普段から恰好いいCarabinieriを見ているので、信号無視にも**'La bella figura'**を通さ

なければなりません。ただ、南フランス同様、ドライバーの方は信号を無視して渡っている歩行者を見るとクラクションを鳴らしながらアクセルを踏むので十分な注意が必要です。

フランス人の得意技、改札ジャンプは'La bella figura'と相容れないのでしょう。イタリアでは見かけないようです。

ミラノ、ローマの地下鉄には私服の検札係が乗車していてキセルを見つけるとその場で罰金を徴収、無罪が立証されるまでは有罪という態度で、言い訳はほとんど聞いてもらえないようです。

しかし、検察係の方もキセルを徹底的に取り締まろうなどと意気込んではいません。パリのようにキセルを思想にまで昇華してしまう輩はおらず、あくまで実利主義的に対応し、見つければ'La bella figura'を披露するチャンスというところでしょう。

'La bella figura'を披露するには舞台が必要です。普段からステージを探しているイタリア人は、イギリス人からすればありきたりのことも大袈裟に表現し、オペラに仕立て上げてしまいます。

第二次大戦でイタリアは日本、ドイツと同盟を結んで連合軍に戦いを挑みましたが、一番最初に降伏したのはイタリアです（1943年）。その後イタリアは連合国側に参加してドイツに宣戦布告を行っています。

軍事的な評価を別にすれば、勝ち目のない戦いから
さっさと身を引いて国民の犠牲を少なくすることは政
治的大英断です。「徹底抗戦」に打って出て首都ベル
リンでの市街戦にまで突入し国家崩壊と民族分断を余
儀なくされたドイツや、「本土決戦」（幸いにも実現は
しなかったにせよ）や「国体護持」のかけ声の下、「一億
総玉砕」路線を突っ走り、徒に犠牲を増やした日本と
の差は歴然としています。

　このイタリアという国（国民）の現実主義的合理性
は日本では忘れられていることが多いのですが、もっ
と注目されてしかるべき点でしょう。敗戦国では'La
bella figura'になりません。
　イタリアはドイツ軍と戦ったにもかかわらず連合国
側に戦勝国扱いされていません。この点は駆け引きで
数段上のフランスのエリートに叶いません。ロンドン
の金融街シティやニューヨークのウォール・ストリー
トをブラウンの靴で闊歩するイタリア人の男性はそれ
だけでアメリカ、イギリスに格が一段下と見られてし
まうので大国のご機嫌を伺いながら、うまく立ち回ら
ざるを得ません。
　ユーロ加盟で物価や賃金が上昇しましたが、生産性
が追いつかず景気は停滞。若者は特別の縁故がなけれ
ば職にありつけないという状況なので親と同居という
例も多いようです。以前のように通貨を切り下げるこ

とはできませんが、それも一時しのぎにしかならないことをイタリアの経営者は身にしみて知っています。

'The weak remain weak in Russia.'

ロシア人とウォッカは切っても切れない密接な関係があります。「ウォッカは我々の敵である。故に徹底的に飲み乾すのだ」ということわざがあるくらいなので、「海にウォッカの瓶」と聞いただけで泳げなくても飛び込んでしまいます。出産時にすでにへその緒がウォッカ漬けになっている人たちなのです。

某調査でもウォッカの最大の消費国はロシアで2012年の消費量は約20億リットル、一人当たりではわずか13.9リットルだそうですが、これはならした数字に過ぎません。飲み過ぎて森の中で寝込んでしまい、熊に食べられて行方不明のままのロシア人もいるので、実際の消費量は統計の数値をかなり上回るはずです。

ロンドンで見かけるロシア人はボンド・ストリートやハロッズのあるナイツブリッジあたりで買い物をしている**New Russians**という人種です。90年代のソ連崩壊後の混乱期に民営化された資源関係の国営会社をタダ同然で手に入れ、短期間で超大金持ちになった成金とその子供たちです。

彼らは高級店で売っている商品の中でも最新の流行品に目が無く、それもアラブの金持ちが好むようなキ

ンキラキンの派手なものを買い求めています。金持ち
であることを思いっきり見せつけたいのす。2、3人
で大声ではしゃぎながら買い物をしている女性たちは
とても趣味がいいとは言えず、横柄な態度でマナーも
良くありません。

　男性は単独で行動しますが非常に早足で歩き、買い
たいものが予め決まっていてウィンドー・ショッピン
グなどにうつつを抜かす余裕はありません。よく見る
と、そばに屈強なお兄さんたちがしっかりとガードを
固めています。ヒースロー空港とは縁がなくファーン
ボロー空港に駐機している自分のプライベート・ジェッ
トでモナコ、ジュネーブなどに飛びます。

　モスクワに戻れば空港で運転手付きのメルセデス・ベ
ンツS600が待っていて、車内の灰皿が汚くなると新車
に乗り換えます。中には郊外の広大な屋敷を買ってイ
ギリスに移住した人もいます。こういうNew Russians
はアメリカ人の若者同様、自分たちは**'centre of the
universe'**（宇宙の中心、天下人）なのでルールは自
分たちの都合でどうにでもなる、と思っています。

　数百年もの間、家畜以下の搾取を受け続けた農奴が
解放されたのは19世紀の後半になってからというロシ
アでは、権力者と一般人の距離が遠く、市民が王政を
倒して自由を勝ち取ったフランスとは対象的です。平
均的なロシア人は強い指導者を望んではいますが、自

分たちがそこに参画できる可能性があるとはこれっぽっちも思っていないので民主主義が定着しません。権力者への挑戦は口元も凍ってしまうシベリア行きの片道切符を覚悟しないとできません。

　こういう世界では強烈な皮肉たっぷりのひそひそユーモアで笑い飛ばさないと、精神まで侵されてしまいます。そのせいかネットでいろいろと検索すると、ロシア人のユーモアはなかなか奥深いものがあります。

　ロシアでは大金持ちになるとビジネスだけに注力していてはライバルのねたみや政治権力につぶされてしまうリスクが常にあります。事業権益を守るためには、自ら政界に飛び込んで自分の方が強いことを見せつけなければなりません。プーチン政権は政治家とその配偶者、18歳未満の子供が海外に銀行口座や資産を保有することを禁止しています。国家公務員も同様です。

　ロシア政治に関わるなら資産は国内に留めておき、海外にある分も含めて中身を当局に教えろ、という上からの締め付けです。ロシアではこれが常套手段で、これくらいのことをやらないと大統領の求心力がアッという間に削がれます。

　政治家が官僚を切れる世界で、大統領が代わると省庁の上の方もゴソッと入れ替えになり、事業がやりにくくなるばかりでなく監獄行きもあるので、政界の風向きをしっかり掴んで虚勢を張っておかないと足元を

すくわれます。商売人は商売に徹する中国人の場合と対照的です。

　ロシア人はスポーツでも強いチームのファンは自分のチームが弱いチームに負けることを許しません。サッカーで強いチームが4-0でリードしていて後半残り10分というところで攻撃をやめ、パスを回し、楽をして勝とうとするとブーイングが起きます。情け容赦なく打ちのめすのを期待しており、強いが故に強い、というのを最上としているので細かいテクニックなどには興味がなく、力でねじ伏せれば万々歳。日本式の「きれいに勝つ」などという美学は理解できません。

　エドワード・スノーデン元米中央情報局（CIA）職員の亡命受け入れやシリアの化学兵器問題の処理に際し、アメリカの圧力に屈せずロシアの強さを見せつけたプーチン大統領、周りに「ワシの黒帯をオバマに見せてやったぞ」（I showed Obama my black belt.）といったところでしょう。ロシアの政治家からすれば、内心がすぐに顔に出てしまうアメリカ人は組しやすいと言えます。

　こういうロシア人に真剣に北方領土の返還交渉を検討させるには、ロシア以上の核弾頭数を保有、配備する以外には選択肢がありません。さらに、柔道着姿のプーチン大統領を寝技で締め上げている合成写真を持参して交渉に臨む必要があるでしょう。

'你好！Wouldn't you like some lessons from Japanese?'

　日本人と違い、何でも火を通してから食べる中国人。空では飛行機、海では潜水艦を除いて何でもつかまえて料理してしまいます。彼らのお陰でバラエティに富んだ食生活ができるので、イタリア人と並んで感謝したいところです。

　イギリス王室のメンバーの接待もそつなくこなしてしまう素晴らしい中国人の友達もいますが、残念ながら中国人の世界における評判は概してよろしくありません。80年代後半の日本人のようにカネで何でも買えるという横柄な態度が目立ちます。国もでかいが声もでかい。何と言っても中国は世界でわずか5カ国しかないという国連安全保障理事会の常任理事国。この重みは中国の政治指導者に格別の自信を与えているはずです。

　チャイナタウンの雑貨屋に入ったときに英語が一言もしゃべれない若者が働いているのでビックリしたことがありますが、在英中国大使館でのレセプションに呼ばれたらまたビックリ。

　複数の他国の大使館と較べると、女性職員の多さに驚きます。全体に年齢も若く、男女半々という感じです。最もエレガントな女性は2009年まで大使を務めら

れたFu Ying（傅瑩）女史。出身はモンゴル。ほぼ全体に白く短めの髪を清楚にまとめ、身のこなし、マナー、英語、すべて洗練され、言うことなし。笑顔もチャーミング。3回くらい、招待客を迎える入り口のところで挨拶だけさせていただいたことがありますが、大使になると公務に忙殺されるうえに、本音で会話ができる可能性は非常に低いので、彼女に限らずどこの大使とも挨拶だけにとどめています。彼女は帰任後、外務次官に昇格しています。

　日本大使館と較べると科学者やエンジニアが多いのも対照的です。ケンブリッジ大学あたりで進められている最先端の科学技術を把握するのが任務なのかもしれません。単なる隠れ蓑で実は諜報活動が主たる任務という可能性も大いにあります。未だに「人民解放」に務めている制服姿の軍人も目立ちます。真っ白なイギリス海軍の正装用の軍服であれば一度着てみたいと思いますが、制服アレルギー気味の筆者は軍人には近寄れません。

　政府職員はあまり待遇が良くないのか服装といい髪型といい、どうも垢抜けません。しかし、皆生き生きとしていて、にこやかに言葉を交わしてくれます。日本人だとわかると、「我々はまだ開発途上国。日本から学ぶことがたくさんある」という外交辞令をよく聞きます。ロンドンですので、もちろん英語でやり取りします。ユーモアに富んだ、洗練された英語は話せま

せんが招待されている民間人も含め誰一人として臆する者はおらず、全般に英語力は日本人より上です。「アメリカにはっきりモノが言える皆さんには拍手を送りたい気持ちになります」と、こちらも外交辞令を返します。

対権力という点ではロシア人と逆で、中国人は事業の成功、拡大、保護のために権力を自分の側に引き込みます。事業が成功すると、アメリカ人やロシア人同様、富を誇示します。一般に成金は本物を見ていないので、どうも色使いがド派手になってしまいます。香港や中国の大都市で見る広告や看板のカラーは目に入るだけで疲れます。もっとも、日本の繁華街で競い合っているネオンの洪水も決して品がいいとは言えません。

今後、中間層の可処分所得の底上げが持続しないと社会不安が増大し、場合によっては中国人が大挙して日本に押し寄せて来ないとも限りません。中国の繁栄は日本の繁栄に不可欠なことには異論がないでしょう。工業化、経済発展の過程で日本が学んだことを中国で活かせるような協力関係が望ましい、と考えます。

北京と東京という中央政府レベルでは今後も利害の衝突があるでしょうが、個人レベルではまったく別で、いったん信頼関係を築き上げたら兄弟以上に親しく付き合えます。メディアもいたずらに対立を煽るような

センセーショナルな見出しは避けて欲しいものです。

　それよりメディアこそお互いに交流を深めるべきです。まずは定期的に食事会を開く、というのはどうでしょう。碁を通じた日中韓台湾間の交流をもっと本格化させるのも有意義だと思います。

'Japan should welcome devil's advocates.'

　皆が海に飛び込んでいるのに自分だけ飛び込まないのでは浮いてしまい、まずい。日本では正しいかどうかは別にして皆と一緒に行動することが期待されていて、実際にまとまって行動する、ということは世界的に定着した評価です。

　「チームが一丸となって」「全社を挙げて」「総力を結集して」というときに、どうもメンバーの個々の強みを活かして、という発想ではなく単に皆でやれば勝てる、目標を達成できるという「まとめ主義」に走りがち、と言わざるを得ません。その「まとめ主義」を社会がごく自然に受け入れてしまいます。

　「まとめ主義」は、物事がうまく行っている（と思われる）ときにはその是非は検証されず、うまく行かなくなると右往左往してしまい、誰も責任を取らず抜本的な対処は先延ばしにされます。うまく行っている、うまく行ったときにこそ、自らの戦略が正しかったからなのか、たまたま一時的に外部環境が味方したとい

う偶然によるものなのか、あるいはその両方なのかを
検証すべきなのです。しかし、人間というのは愚かな
もので、調子がいいときは自己検証をおろそかにして
しまいます。これは日本に限ったことではありません。

「和を以て貴しとなす」という格言がありますが、こ
れは最初に「表面上」を付ける必要があります。しか
も「和」を醸成すること自体が目的化してしまい、何
のための「和」なのかが問われません。これは健全で
はありません。

英語には**devil's advocate**というフレーズがありま
す。「悪魔の代弁者」などと訳されていますが、ある
見解や主張の有効性を確認するため、議論を活発にす
る目的で異なる見解や主張を投じる役割の人のことで
す。確たる論拠を持った反対論者ではありません。い
わば、船が転覆しない、沈まない設計になっているこ
とを確認するために、チームにわざと波風を立たせる
役です。

「悪魔の代弁者」ではその意味するところがすぐに理
解できないでしょう。こういう具合に解説しなければ
ならないということ自体、日本にdevil's advocateが
存在しないことを物語っています。

日本には異なる主張を掲げた複数の政党があります。
す。それは、政権政党がひとつしかない、あるいは二

大政党が交替で政権を担当するものの有力な第三党が
ない、という状態よりは健全かもしれません。
　しかし、国会の先生方はどうも霞ヶ関の顔色をうか
がいながら地元選挙区と永田町界隈を徘徊するにとど
まってしまい、成層圏を見上げることさえできないよ
うに思えます。

　こういうときにこそ、先生方より一段高いところか
らユーモアに富んだサーブを打ち込みたいものです。
せめてメディアが**devil's advocate**になって欲しいと
ころですが、日本のメディアは何の突っ込みもせず、
先生方のインタビューは先生方のご意見拝聴どころか
自己宣伝の場に利用されています。過去の発言の矛盾
を突くという緊張感に溢れ、かつすがすがしいインタ
ビューは最近皆無ではないでしょうか。
　先生方が何を言わんとしているのか、その主張を正
すために公言したこと、つまり事実を基に問い正すの
がメディアのひとつの重要な役割でしょうが、それは
先生方の「先生」としての言動についてであって、個
人の人格を云々するものではないのですが、お互いに
自己の客体化ができないために公と私の区別ができな
いのです。これではグローバル云々以前、小学校の学
級会並みと言わざるを得ません。

【デザート】

英と米、とてつもなく違う世界

脱アメリカン

　第二次大戦後、冷戦下で共産圏を除いて世界のアメリカ化が進みました。ソ連の解体、冷戦後は「グローバリゼーション」の名の下に、世界にアメリカすなわちグローバル・スタンダード、という認識がある程度、広まったように思います。

　しかし、アメリカはオバマ政権の末期からグローバリゼーションの逆回転を模索し始め、トランプ政権の「アメリカ・ファースト」のスローガンの下で、これを加速させています。「大米帝国」は絶頂期を過ぎた、もはやドルと軍事力による世界支配は続かない、であれば世界への影響力を温存するために中国やロシアと共存していく多極化された世界を自らの主導で招来させようとしています。

　筆者は今世界で起きているのはアメリカの「大米帝国」からの足抜け、離脱、**Amexit**だ、と捉えています。

　その裏で中国、ロシアを核に貿易における脱ドル化、**de-dollarisation**が進んでいます。**Amexit**の進行は世界の経済・政治のグローバリゼーションの逆回転**de-globalisation**、文化的には脱アメリカン**de-Americanisation**をもたらす、と考えていいと思います。その前提に立てばグローバル・スタンダード＝アメリカン・スタンダードという図式も少しずつ崩れていくと思い

ます。

　これまでもアメリカ英語がグローバル・スタンダードではなかったのですが、**de-Americanisation**が進むのであれば、それに備えて今のうちにアメリカ英語に洗脳された頭の脱アメリカンを図り、鋭く豊かでクリエイティブなユーモア感覚を養いたいものです。そうすることで海外での活路も開けると思います。本書ではあえてイギリス英語の綴りを採用しているのもそのためです。

イギリス人も勘違い

　筆者は以前にロンバード・ストリート・リサーチという独立系のマクロ経済のリサーチ会社に勤めていました。エコノミストとしてではなくセールスマンとしてです。

　日本ではあまりお馴染みではありませんが主要な顧客は欧米の年金、大手資産運用会社、投資銀行、ヘッジファンド、プライベート・エクイティー・ファンド、ファミリー・オフィスなどで、そのレポートはイングランド銀行（英中央銀行）、FRB（米国連邦準備理事会）、ECB（欧州中央銀行）、BIS（国際決済銀行）なども注目しているという、ちょっとした存在でした。

　サッチャー政権時代にイギリスの経済・財政政策について財務省にアドバイスしていた六賢人のひとり、

ティム・コンドン教授が1989年に興した小粒なリサーチ会社でしたが、90年代の後半から分析の対象をG7経済に広げ、これを「ワールド・サービス」と称してアメリカの機関投資家にも配信し始めました。

ほどなくしてアメリカから「ワールド・サービスなのに、なぜアメリカ以外の経済分析がカバーされているのか？」という問い合わせがありました。

イギリス人を中心としたロンバード・ストリート・リサーチのエコノミストたちは、アメリカで「ワールド」と言えば「アメリカ」、「アメリカ」と言えば「ワールド」という認識であることに気付かなかったのです。

ご存じのように、プロ野球メジャーリーグの優勝決定戦はアメリカのチーム同士の対戦なのに「ワールド・シリーズ」という具合に、大風呂敷を広げるのがアメリカなのです。「ワールド」に自国以外を含めていないというのはアメリカ以外にはないでしょう。同じ英語を母国語としているイギリスとアメリカでもこれだけ言葉の使い方に違いがあるのです。

アメリカはその政局が世界の政治・経済に大きな影響を与えるだけでなく、軍事的にも世界のあちこちにコミットしているので世界中のメディアが注目していて、ワシントン発のニュースは日本でも大きく取り上げられます。そこでアメリカ人は世界情勢に詳しいかのような錯覚に陥りがちですが、ごく平均的なアメリ

カ人にとって外国と言えば、せいぜいカナダ、メキシコ止まりで、シリアがどこにあるのかも、シリアという国があるということも知りません。知らないだけでなくまったく関心がありません。大半はアメリカ英語とドルは世界中で通用すると思っている無垢な国民なのです。

　パスポートを持っているのも４人に１人程度、外国に行ったことがないウォール・ストリートのバンカーというのも決して珍しい存在ではありません。

　アメリカは巨大な島国だ、と言っていいと思います。その島国の人たちがハードでは世界最強の軍事力、ソフトではIMF（国際通貨基金）と世界銀行、さらにはハリウッド映画などまで駆使して、「自分たちのスタンダードがグローバル・スタンダードだ」と信じ切って世界に押し付けてくるので困ったものです。

　ブッシュ元大統領（子）でさえ、イギリスの歌手シャルロット・チャーチに会ったときに「出身はどこなの?」と尋ね、彼女の「ウェールズ」という答えに対して「ウェールズはどこの州にあるの?」と訊いたというから恐れ入ります。

　ロンバード・ストリート・リサーチは世界の中央銀行の政策やマクロ経済のデータ、資本の流れを分析して将来を予測するということにかけては優秀なトラックレコードを積み上げていました。筆者もいろいろ勉

強させてもらいましたが、6年で退社しました。自分の能力に限界を感じたのと、他社との差別化を図る目的で政治分析はやらない、という同社の経営姿勢に不満だった面もあります。

　今では政治分析なしに経済は語れない、と確信しています。

アメリカでは「アメリカ」英語、イギリスでは「ナンデモ」英語

　ロンバード・ストリート・リサーチには、まだ20代半ばの同僚、トム（イギリス人）がいました。苗字がCrew、最後にsがあれば、綴りは違いますが、ハリウッドのスターと同じ名前です。ただし、外見は似ても似つかない、まじめで謙虚、おとなしい性格で、パブで飲んでいるときに大声を張り上げるようなこともありません。

　出社時間は早く、やることをきちんとやる頼れるヤツ。午後3時半か4時くらいになると'Tea anyone?'と声をかけ、皆のために紅茶をサービスしてくれます。平均的な日本の職場では考えられないでしょう。

　まだ新婚ホヤホヤと言ってもいい彼が、休暇で奥さんと初めてアメリカに行ったときのことです。カリフォルニアのビーチのそばにあるトレンディなレストランに入り、メインディッシュを半分たいらげたところで、水が欲しくなりウェイターを呼びました。

T: Ah, can I have some water, please?

W: Excuse me?

T: Ah, you know, water, just a glass of water, please!

W: What is it?

T: Ah, I mean H$_2$O. Tap water.

W: Oh, sorry, we speak English only.

　トムはここまで来たところで、右手で水道の蛇口をひねるジェスチャーをし、左手でコーラの入ったグラスを持って

T: You know, water!

　と言ったらようやく通じた、という笑い話があります。

　若いトムも奥さんもアメリカ英語では**water**を「ウォーダー」という感じに発音することをしっかり認識していなかったのが甘かったと言えますが、ごく平均的なアメリカ人は自分たちの話しているのが英語で、それしかなく、世界中で通じるものだと思っています。

　左の写真の「**アメリカにようこそ。さあ英語を話そう**」というTシャツのメッセージにある英語とは「アメリカ」英語のことなので

す。しかも**NOW SPEAK ENGLISH**なので「英語を話せ」という命令です。

　アメリカにも方言はありますが、国自体の歴史が浅く、メディアの影響が強いこと、機会を求めて人が頻繁に移動することもあって地方差が薄まるようです。

　それに比べて、イギリス人は外国語人の訛りに寛容で、日本語訛りの英語でも理解しようと努めるので、たいていは通じます。相手の言葉に耳を傾けますし、まして「こう発音するのだ」と矯正するような態度は一切うかがわれません。

　イギリス国内でも方言がいろいろあるので、訛りには慣れています。地方の人たちも方言を肯定的に捉えています。BBCの全国放送担当のニュースキャスターや天気予報担当の人たちも方言丸出し。加えて、階級によっても差があります。

　筆者は30年近くイギリスに住み、スコットランドの訛りにはだいぶ慣れましたが、リバプール訛りは今でも英語には聞こえません。イギリスでは「ナンデモ」英語で通じるぶん、「ナンデモ」英語を理解する必要もあるので気が抜けません。

アメリカ人はマイナス5、イギリス人はプラス3

British reserved, not unfriendly

「イギリス人は引っ込み思案だが、親しみにくいというわけではない」とでも訳したらいいのでしょうか。

1942年にアメリカの陸軍省がイギリスに派遣される兵士向けに、言葉は同じ英語だと思って母国にいる調子で振る舞ってはいけない、という趣旨で7ページにわたって記した心得の一節にこのタイトルが付いています。

戦時下で同じ同盟国として戦っている**「イギリスの軍人が列車やバスの中で隣り合わせになった場合、向こうが話しかけてこなくても、お高く留まっているわけでも、歓迎していないということでもない。小さな島に4500万人も住んでいるので自分のプライバシーを守ることを重視しており、他人のプライバシーも尊重しているからだ」**というようなことが書かれています。

特にこの20年くらいで言葉づかいから生活スタイル、政治に至るまで、かなりアメリカ化が進んだイギリスですが、この注意書きは今でも十分に通用します。

reservedなので何事も控え目なのを良しとし、あえて人前にシャシャリ出ません。こちらが誘ったレストランで「ウェイター、これは塩が効き過ぎじゃないの？シェフは自分で味見しているのか？」などと文句を付ければ、一緒にいるイギリス人はあまり居心地が良くないのです。公の場で目立って（**make a scene**）他人

の視線を浴びるのを嫌がります。人によってはウェイターも他の客の前で文句を言われては立つ瀬がないだろう、という気持ちも働くようです。

'Do you have a table for two?'（**2人掛けの席はありますか？**）という単純な質問にしても、イギリス人のreservedなところがうかがえます。

アメリカ英語では「?」マークの右の丸くなっている最後のところまで上昇口調を引っ張りますが、イギリス英語では最後の単語のアクセントのところでひょっと持ち上げて、「?」マークの手前のところでガクッと下がってしまうのです。いかんせんイギリス英語は元気がないのです。本当に答えを求めているなら答えが欲しいという気持ちを最後まで上昇口調で表現したら良さそうなものです。しかし、**reserved**なので**confrontational**（**対決的な**）な「詰問」調を嫌い、それ故に最後のちょっと手前で**'if I may ask'**（**訊いてもよろしいですか？**）というような心理が働いて「そこんところひとつよろしく」という感じで下がってしまうようです。

子供のときから10のものを20くらいに膨らませ（**inflate**）、ガラスをダイヤモンドに見せるようなプレゼンテーションのやり方を教わるアメリカ人と、10のものを7くらいにへこませる（**deflate**）、否、むしろあえて言及しないくらいの方がいいのだ、と考えるイ

ギリス人では月とスッポンほど違うのです。

　というわけで、アメリカ人の言うことは話半分、イ
ギリス人の言うことは3ポイント上乗せするくらいが
ちょうどいいようです。

アメリカ人は直球、
イギリス人は変化球

　野球のピッチャーが剛速球で打者をバッタバッタと
三振に打ち取るとアメリカ人の観客は大喜び。基本的
に力でグイグイ行くタイプが好きです。一方、イギリ
スは野球ではなくクリケットの国。クリケットでボー
ルを投げるのはピッチャーではなくボウラーと呼びま
すが、ボールを投げる際に肘を曲げてはいけないルー
ルになっています。しかもバッツマンに向かってボウ
ルする（to bowl。通常の投げるを意味するthrowで
はない）ボールはワンバウンドでもノーバウンドでも
構いません。

　肘を曲げないで変化球をボウルするのは難しいので
はと思われるかもしれませんが、実際には変化球ばか
りと言っていいくらいです。ここにひねくれたイギリ
ス人の国民性が遺憾なく発揮されています。

　アメリカ人の場合は直球主体なので「言っているこ
と」を「言わんとしていること」と受け止めてほぼ間
違いありません。アメリカ人は言いたいという気持ち
が先に立ち、相手の受け止め方にまで気が回らず、と

にかく投げてしまいます。イギリス人は相手を見ながらの変化球で迫るので「言っていること」と「言わんとしていること」がかなり乖離していることも珍しくありません。手強い対戦相手なのです。

新聞の見出しやタイトルにもアメリカとイギリスの差が出ます。イギリスの新聞を読む場合は斜めにして読む必要があります。

イギリス人に最も人気があり信頼されているデパート、ジョン・ルイスのスローガンは**'Never knowingly undersold'**。

最初に店内で目にしたときには何のことかさっぱり。**'never'**と**'under'**のいわば二重否定で迫っている変化球。**'undersell'**というのは「競合相手より安く売る」という意味です。**'knowingly'**というのは「承知しておきながら」ということ。それを**'never'**なのですから**「承知しておきながら競合相手より安く売ることは決してしません」**。どういうことでしょう？　頭がクラクラしてしまいます。

当時のイギリス人の伴侶に訊いたら「同じものを他の店がうちより安い値段で販売していたら、購入代金から差額分を払い戻す、という意味なのよ」と教えてくれました。イギリス人はそれが意図されたメッセージだとすぐにわかるのでしょうか？

ジョン・ルイスは今でもパートナーシップ制で従業

員がデパートのオーナーでもあります。店内のデコ
レーションは冴えませんが、従業員の質はずば抜けて
高く、決して押し売りせず、商品について質問すると
必ず直球が返ってくるので筆者も大ファン。しかし、
もっとわかりやすいストレートな宣伝文句にして欲し
いものです。

'It was not necessarily unnecessary.'（必ずしも不
要ではなかった）、**'Unsurprisingly, it was unsur-**
prising!'（驚くには当たらず、驚くことではなかった）、
'It is an undoubtedly unreported imprecise under-
statement.'（疑いもなく報道されていない不正確で
控え目な言明）なんて言われたアメリカ人は、即帰国
を考えるでしょう。

　汗だくになる暑い日もなければ凍えるほど寒い日も
ない、はっきりしない気候と同じでイギリス人は思っ
ていることをストレートに言葉に出しません。

　プライバシーを殊の外尊重しているだけでなく、日
頃から階級の存在を意識していることも変化球好みに
走らせる理由でしょう。サッカー・スタジアム以外で
は何をするにしても熱意が感じられません。極端に走
らないので政治的、社会的には世界で最も安定した国
と言えそうです。

イギリスでは避けたい 'Hi, guys!'

　最近、ある会議でアフリカの複数の国で大使を務めた、筆者と同世代のイギリス人を紹介される機会がありました。間に入った人が筆者とこの人物の名前を言ったところでお互いに握手し、彼の方から**'How do you do?'**と挨拶しました。

　久し振りに聞いた挨拶で、一瞬戸惑いながら筆者も**'How do you do?'**と返しました。これはやや堅苦しい、年長者同士の挨拶という感じで、イギリスでも古臭いと受け止められるでしょう。

　アメリカではごく普通にCEOが社員に向かって**'Hi, guys.'**と呼びかけます。イギリスでも**'hi'**、**'you guys'**はかなり一般化してきていますが、若手に向かってならまだしも、年長者もいる、あるいは顧客も混じっているというような場面では、けっこう失礼に聞こえます。アメリカ人ではなく日本人がイギリスで**'Hi, guys!'**と言うと、この一言でアメリカかぶれした軽いノリだな、と思われかねません。**'Hello, everyone!'**、**'Good afternoon, ladies and gentlemen!'**などのように言った方が無難です。

　アメリカではパーティーなどで、たまたま目が合ったときに笑顔で**'Hi, I'm Mike.'**などと自ら名乗り、グッと握手し相手の目を刺すように覗くのが常套です。続

けて'**How are you?**'と言われると、イギリス人はそれ
だけでのけぞりたくなります。そんなにいきなりずか
ずか入って来ないでくれ、という心理が働くのです。

　握手にしてもイギリス人はあまりギュッと力を込め
ては握りません。イギリスでも若い世代の間ではこう
いうアメリカ式が一般化しつつありますが、イギリス
では'**Hello!**'を使った方が無難です。また、ビジネス
のチャンスを探すのが目的ではない純粋な社交の場で
は、紹介されていない場合でもあえて自分から名乗ら
ないのが普通です。言葉を交わした瞬間から垣根を
取っ払って親しくなろうとするアメリカ人は相手の名
前を何度も差し挟みながら単刀直入な会話を好みます
が、イギリスでは特に中身のないアメリカ英語は「軽
いヤツだな」「礼儀を知らないのか」と受け取られる
危険性があります。

チープな trendy

「100年前と同じ味です」

　イギリスの某酒造メーカーはTVコマーシャルで自
社のビールをこうアピールします。古びた建物や環境
をバックに、ごく庶民的な出で立ちの男性が登場し、
ほとんど何も語らず、決してグイグイ飲み干さず、「歴
史を飲む」「歴史の味を楽しむ」という感じでチビッ
と飲みます。そのビールと同じように周囲の風景は昔

とまったく変わっていません。そこにホッと安心感を覚え、その男性がはるか昔を懐かしむような遠くを見つめる目で静かに一杯やるというシーンです。

常に「新しい」ことで自社ビールをアピールする日本の酒造メーカーとは非常に対照的です。ここにイギリスと日本の消費者が好むものの違いが鮮やかに対比されています。アメリカでも**'brand-new'**というのが好まれるのは日本と似ています。アメリカでは**hip**、**chic**が似たような意味で使われ、特に若者の間では**trendy**はいい意味で使われます。しかし、中高年になると逆に皮肉を込めて**'That place is a bit too hip and trendy.'**（あそこは今の流行を追っているちょっと安っぽいところだ）と言うこともあります。

イギリス人は新しいものにすぐに飛びつかず、**new**というのを若干胡散臭く受け止めます。最新のファッションに身を包み、今流行の、つまり「大衆が好む」**trendy**なレストラン、バーに入り浸っているのはほとんどが外国人なのです。

第二次大戦中にドイツ空軍の爆撃を受けたロンドンの中心部には最近、モダンなガラス張りの高層ビルが次々と建てられていますが、カメラワーク次第では200〜300年前のロンドンを舞台とした映画のロケーションとしてそのまま使える街並みを残しています。

イギリス人は歴史や古いしきたり、慣習、伝統に縛

られずフロンティア精神で新しいものに果敢に挑むアメリカ人を羨ましく思う一方で、こうした昔のままの建物や風景に身を包まれると確たる自信と安堵感を覚えるのです。

　本物はそのときのtrendに流されず時代を超えて生き残って行く（**stand the test of time**）はずだ、という揺るぎない信念を持ったイギリス人にとって**trendy**なものはすなわち本物にあらず、という否定的な評価なのです。

Eccentric? ならば精神科医へ

That so few now dare to be eccentric, marks the chief danger of the time.
（あえてエキセントリックたらんとする人たちがこんなにも少ないのは時代の危険な兆候である – ジョン・スチュアート・ミルズ）

　ロンドンの日興証券に勤務していた頃に、アンドリューという製薬業界担当のアナリストがいました。

　レポートはかなりしっかりしたものを量産するタイプで、業界ではそれなりに評価されていたようですが、けっこう酒飲みで、平日の午後から酒の臭いをプンプンさせていました。避難訓練の日などに皆一斉にビルの外に出たときにデスクに戻らず、そのままパブに直行ということもありました。

彼はある日、普段の濃紺のスーツにドナルドダック
をプリントしたネクタイをしてきました。とんでもな
いおふざけ者、真面目に仕事する気はあるのか、とい
うのが日本人社員の反応でした。吉本興業所属のコメ
ディアンなら話は別ですが、他人の資産を運用してい
るファンドマネージャーが顧客の職業です。大手町で
はまずお目にかかれないでしょう。

　しかし、この**eccentric**な出で立ちの彼を拍手で迎
えたイギリス人の同僚もいました。スカートにハイ
ヒールならいざ知らず、直属の上司（イギリス人）も
これくらいのことでとやかく言いません。それどころ
か、やたらと真面目に長時間仕事をしている日本人社
員に対し、少しは現地の文化も理解したら、という批
判的なメッセージを間接的に代弁してくれていると
思っているようでした。

　eccentricの語源はギリシャ語のekkentros（中心か
らはずれた、の意）で、本来は規格はずれ、はみ出し
者といったようなマイナスの意味を持っています。日
本語でも「エキセントリック」と言えば、「奇人、変人」
を指し、否定的な意味に使われます。

　アメリカ英語でも否定的な意味合いを持っていて、
eccentricという判断は精神科医に診てもらった方が
いい、ということと同義です。

　しかし、イギリス英語ではむしろ褒め言葉だと言っていいのです。他人と違うことを主張する、突飛な言動や恰好をすること自体を目的とした単なる目立ちたがり屋ではなく、自己の内面の自然な発露である、個性的な、自由な精神の発揚である場合には、権威や社会通念への勇気ある挑戦、それをeccentricだとして尊びます。型にはまらない異端者に寛容なのです。国籍別で見たノーベル賞受賞者の数がアメリカの次に多いのがイギリスなのも頷けます。

「エキセントリシティは一部の人たちが考えているような狂気のたぐいではない。ある種の無垢な誇りである場合が多く、よく天才や貴族がエキセントリックだと見なされるのは天才や貴族は大衆の意見や気まぐれをまったく恐れず、それに左右されないからだ」と、Edith Sitwell（1887-1964年、詩人、評論家）という女性が奇行、奇人の例を集めた『The English Eccentrics』（1933年出版）という著作の中で語っています。彼女自身も、貴族階級出身でかなりの変人だったと伝えられています。

　確かにエキセントリックな人物は貴族階級や学界に多いようです。貴族で極めつけのエキセントリックと言えるのがJohn"Jack"Mytton（1796-1834年）でしょう。21歳で親から巨額の遺産を相続し、遣い切れないほどの金がありました。シャツだけで3000枚とい

う膨大な数の衣類を揃え、2000匹の犬を飼ってステーキとシャンパンを与え、60匹の猫には揃いの服を着せていました。氷の上を裸になってアヒルを追いかけ回したり、夕食に招待した客の前に、狩猟用の服装でペットの熊に跨って登場、熊が怒って彼の脚を食いちぎったとか。しゃっくりが止まらないので着ていたシャツに火をつけたということもあったそうです。

　詩人、画家・版画家のウィリアム・ブレイク（1757-1827年）は、奥さんを庭に座らせ、自分は裸になってジョン・ミルトンの『失楽園』を大声で読み合ったそうです。型破りな彼の思想、作品は当時まったく評価されませんでしたが、非常に多くの現代の芸術家に影響を与えています。

　馴染みの深い現代人ではパンク・スタイルを広めたファッションデザイナーとして有名なヴィヴィアン・ウェストウッドを挙げないわけにはいきません。1992年にはバッキンガム宮殿で女王から勲章を授かっていますが、授章式当日、肝心の部分にイチジクの葉をあしらったスケスケのドレスにノーパンで現れたのですから。

　前述のアンドリューのように、エキセントリックな人物は学界、貴族階級に限らず、一般庶民にも多く、変人が集まる変わったイベント、同好会もさまざまあります。

　代表的なのが200年以上続いている**Cheese Rolling**。クーパーズ・ヒルという急な丘で、ころがり落ちる丸いチーズを追いかける競技です。走りながら下るのはほぼ不可能でチーズを追いかける人間もころがりながら下っていきます。丘の斜面はデコボコしており、かなり危険な競技で丘のふもとには救急隊員が控えています。これは毎年ニュースでサラッと報道されます。

　trainspottingも忘れてはなりません。駅のプラットフォームなどでやって来る列車を待ち受け、どんな列車が何時何分に来たといった他愛のない情報を記録、収集するというものです。

　The Pylon Appreciation Society（送電鉄塔をいろいろと調べて意見交換する同好会）、The British Hedgehog Preservation Society（〈夜行性なので、あまり実態が掴めていない〉イギリスのハリネズミの生態を研究し、皆で可愛がる団体）もあれば、そのものずばりの**The Eccentric Club**という団体もあります。このクラブは第一のモットーに、大勢と異なる意見、考えの持ち主を歓迎する、と謳っており、フィリップ殿下がパトロンになっている真面目な会です。

　最近は（アメリカ化が進行して）eccentricだということが若干気違いじみている、やたらと目立ちたがる、といったマイナスのニュアンスで受け止められていますが、「本来の」肯定的な意味合いを持たせよう、

クラブを通してeccentricであることの重要さを見直そうと訴えているようです。流行に流されないもの、世間の大多数からすれば何じゃこれは、というものをつまはじきにせず、ぜひ真剣に話を聞いてみようじゃないか、という姿勢です。

　成熟、安定した階級社会はeccentricな物事や人物を積極的に歓迎しないと既成概念、既存の価値観を打破することができず停滞してしまいます。

　eccentricな現代人として最もよく知られているのが前ロンドン市長で、現イギリス首相のボリス・ジョンソン（下写真左）でしょう。

写真：ロイター／アフロ

特にメディアには人気があります。というのも政治家らしからぬヘアースタイル、ちょっとおっちょこちょいの憎めない性格で、思っていることをズバズバ言うのですが、決して毒舌ではなく、ユーモアがあって次に何を言うか予測できないエンターテイナー的なところがウケるのでしょう。

　しかも深い歴史や哲学の知識を持ったかなりのインテリでもサッと理解できないようなユーモアをさりげなくポロッと言います。それもそのはず、彼はオック

スフォード大学で古典を学んでいるのです。2歳下の
キャメロン元首相（左ページ写真右）とはイートン校、
オックスフォード大学で一緒だった悪友同士（?）。も
ちろん2人とも保守党党員。日本にもこういう政治家
がいて欲しいものです。

　ただ、首相になってからのジョンソンは狡猾な高級
官僚たちに裏をかかれ、持ち味がかなり減殺されてい
る感があります。

刑事コロンボくらいがいい

　ピーター・フォーク演ずる刑事コロンボは探偵小説、
犯罪ストーリーの本家イギリスでも根強い人気があ
り、何度も再放送されています。髪はボサボサ、よれ
よれのコートをまとった、ほとんど浮浪者並みの恰好
のコロンボが相手にするのは、決まって資産家で社会
的にも名声を博している人生の成功者。しかも頭脳明
晰という設定です。容疑者
はハンサムでコロンボより
背が高い役者が演じます。

DVD『刑事コロンボ完全版1』ジャケット
（発売：ジェネオン・ユニバーサル）

　コロンボは普通なら見落
としてしまう、ちょっとし
た辻褄の合わない点を徹底
的に追求し、事実の積み重
ねによって犯罪を立証する

わけですが、風采の上がらない刑事と上流階級の容疑者という組み合わせも、階級社会の定着したイギリスで特にウケる理由ではないでしょうか。

コロンボの英語はどこまでも丁寧で、容疑者の名前を特定しても直接名前で呼ぶのは初対面のときくらいで、後はDoctor、Professor、Sirといった敬称で呼ぶにとどめています。立ち去る前に**'Just one more thing, Sir!'**（恐れ入ります。**もう一点だけ**）、と**'Sir'**を最も頻繁に使っているようです。質問する場合は**'Sir, I was just wondering...'**と直接疑問を使わず、許可を求める場合は**'Do you mind if I...'**という具合に非常にフォーマルな英語を使い、容疑者に尊敬の意を表しつつ、お互いの心理的距離を保っています。最初の犯罪シーン以外は銃を発砲することもなく、登場人物が4文字言葉で悪態をつくことがない点も好感が持てます。

現代のアメリカではコロンボが使うような英語は通常、「何を気取っているんだ」「もっと単刀直入に言え」という反応になってしまうかもしれませんが、イギリス、ヨーロッパでは少なくとも初対面のときはアメリカ英語の訛りでもコロンボ並みの英語を使った方がいいでしょう。他の登場人物の英語も非常に参考になるので、機会があればDVDを見たりノベライズを読んだりして学んではいかがしょう。

'Size matters?'

　前にも触れましたが、アメリカでは**'Size matters!'**（サイズがモノを言う）と言って、建物や車（最近はだいぶ小ぶりになりましたが、ちょっとでも景気が良くなるとすぐに大型車が売れます）から、ソフトドリンクの容器、ハンバーガー、果ては女性の胸や男性の性器まで大きいのが善とされます。**'size matters'**という表現は一般にこの最後の含意で使われています。

　国が広大なだけに看板も巨大なのが設置してあります。

　左の写真はDavis＆Crumpという弁護士事務所が幹線道路沿いに出した、コンテナの横腹くらいもあるお化け看板です。長さ10メートル以上はありそうな太いポールの上に設置してあり、遠くからでもよく見えます。

　'OIL SPILL LOSS?'（オイル流出で損害？）という3語で端的に「損害賠償請求はうちにご相談ください」とアピールしています。863-6000はもちろん電話番号。同事務所はミシシッピ州を拠点にしていますが同州の局番228も書いてないのは地元の住民にターゲットを絞っているからに他なりません。アメリカではちょっ

と郊外に出るとこういった看板がゴロゴロしており、商業主義が景観を圧倒しています。

　メキシコ湾で操業中のBPの石油掘削施設が2010年４月に爆発、炎上し、大量の原油が流出。この事故をTVの画面で最初に見たときにメキシコ湾に沿ったテキサス、ルイジアナ、ミシシッピ、アラバマ、フロリダの各州で開業している弁護士事務所は皆小躍りしたに違いありません。

　弁護士事務所も一般の事業会社並みに顧客の獲得競争に走るので、この手の看板が雨後の筍のようにニョキニョキ。ガソリンスタンドやモーテルの看板を見過ごしてしまうほどです。原油の流出が環境に与える影響も深刻ですが、金儲け主義剥き出しで弁護士事務所が設置している看板も周辺の環境を損なうものだ、という感覚はゼロなのです。

　もっとも道ばたに自動販売機が３、４台並んで「周囲に華を添えている」、日本でよく見かける光景もいただけません。

　会社経営者、政治指導者、軍のトップ、スポーツチームのコーチなど上に立つ者も他を圧倒できるくらいの背丈、体格、押し出しが求められます。筆者はFRB議長を務めたポール・ボルカー氏と挨拶したことがありますが、彼も見上げるような巨漢（身長201cm）で、

握手したときには手がキャッチャーミットに包み込まれたような感じでした。そして声も大きい方がいいのです。

サルコジはフランスの大統領にはなれましたが、彼の背丈ではどんなに説得力があってもアメリカの大統領にはなり得ないでしょう。プーチンも同様です。アメリカの大統領がペンシルバニア・アベニューをホワイトハウスまでパレードするシーンはどことなく独裁者的なイメージさえ抱かせます。

アメリカは'American'という言葉の最後の4文字が'ican'で終わることに象徴されるように**「やればできる」**という文化です。「君も頑張れば将来は大統領になれる」と教えられます。社会の底辺にいる者でも頂点に立てる可能性があるという、ヨーロッパではとうていなし得ないような'American dream'という思想をプロモートしています。

これは当然ながら肯定的に捉えられており、努力して競争に打ち勝った者が'American dream'を成し遂げます。それを目指して皆頑張ろうという社会です。1度や2度失敗してもまたチャンスが与えられる起業家精神に溢れた国です。

基本的に'American dream'の実現というのは事業で成功し大金持ちになることです。たまたま体格では劣るとしても、事業を発展させる過程で市場シェア、

利益、株価などを極大化させ、巨大な自社ビル、広々とした社長室や役員室、広大な所有地と自宅を社会に見せつけることになります。

　日本企業がアメリカに進出したときに、こういったものを目の当たりにし、我々もアメリカではアメリカ流に、さらに日本でもアメリカ流に、というようにアメリカをお手本にすることにやっきとなってきました。「頑張ればできる」というアメリカン・スピリッツはわかりやすく、励みにもなりました。

　競争を肯定的に捉えない社会には革新も発展も期待できません。日本も国内でライバル企業が競争し合い、かつ海外に市場があったので発展してきたのです。競争が必要なのは間違いありません。

　しかし、アメリカでは例外はあるにせよ、他社を買収するなど競争すること自体が目的化し、競争がすべてとなり、**'The winner takes it all.'（勝者がすべてを手にする）**で、そのwinnerが自社ビルなどをトロフィーとして誇ります。実業界ばかりでなく政界、学界、法曹界などにもこれが浸透しています。

　'The winner takes it all.' ということは、裏返せば**'The loser takes nothing.'（敗者は何も手にしない）**ということですので、敢闘賞などという慰め（consolation）は誰も喜びません。

　プロスポーツなどの優勝チームのプレーヤーの中から選ばれる**MVP**（最優秀選手）は**'most valuable**

player'の略ですが、この**valuable**というのは「**最も
多くの客が呼べる、価値あるスタープレーヤー**」とい
う意味なのです。こうやって勝者と敗者に歴然たる差
を付けることで、さらにAmerican dreamを高揚させ
るのです。

　スポーツの本家本元イギリスでは、**MVP**に相当す
るプレーヤーを**'the man of the match'**（その試合で
最も活躍した男）と呼ぶにとどめています。圧倒的に
強いチームは勝って当たり前なので勝った方にはほど
ほどの賛辞で済ませ、そういう試合で大健闘して負け
たチームには勝ったチーム以上に拍手を贈ります。
　勝者もどこか控え目で、勝利の喜びを目いっぱい表
情やカラダで表現するのは子供のやることだ、自制心
を働かせてこそ大人なのだ、という認識が強くありま
す。勝者が勝利をひけらかしたり、それにあぐらをか
いたり、敗者を見下したりすると、とたんに人気が落
ちます。もっとも賭けている者も多く、負けたチーム
に賭けた場合は金額によっては拍手も弱くなりがちに
なります。
　ところが、勝者になれるのはほんの一握りの人間で
あるのは言うまでもありません。その他すべてが「敗
者」という社会では、高等教育を受けてビシッと高級
スーツに身を包んだウォール・ストリートのバンカー
も、いや彼らこそ敗者になってはならじと、目の玉に

$マークを書いて手段を選ばず短期間で**winner**になろうとします。時価会計制度を通じて、こういう文化がヨーロッパにも浸透しつつあります。

　競争に勝った者だけがリーダーになる、財を成した者だけが尊敬されるという社会は必然的にモラルの低下を招き、モラル維持のためにモラルを法制化するという方向に向かいます。今やインベストメント・バンクのトレーディング・ルームは刑務所並みに二重のドアをくぐり抜けないと中に入れないという異常さです。

　社会を支えるために働く人たちも必要だし、そうしたエッセンシャル・ワーカーたちが仕事に誇りを持てる社会の方が豊かと言えそうです。精魂込めた手作り豆腐をせっせと作っているお豆腐屋さんがあり、その手頃な値段の豆腐に高い価値を見出し、それを求める消費者がちゃんと存在するというのは非常に健全な社会だと思います。

　アメリカでは簡単に銃が買え、学校や職場でも銃の乱射騒ぎがあり、その度に社会問題として取り上げられますが、徴兵制が存在するスイスでもほとんどの家庭に最低1丁は銃があるのです。スイスでアメリカのような銃の乱射騒ぎがほとんど起きないのは、ある程度緩やかな階級社会を許容していることと無縁ではないでしょう。

「年甲斐もなく」「分をわきまえていない」「何もわかっていない若僧が」「下々の者が」といった差別表現には非常な抵抗を覚えますが、社会の安定化、成熟化は必然的に階級を生み出します。しかし、長期にわたって階級が固定化し、少数の上流階級がその他多数を搾取すると最後は革命に行き着きます。そこで、下の者が上にも行けるという可能性を信じられ、上に行く者を周りがねたまず、少数の上の階級の者が下の方に時々降りてくる、という仕組みを作っておくとゆとりのある社会が実現できるのではないでしょうか。

　女王陛下が、学校の正門前の横断歩道で長年交通安全活動をしているおばさんに勲章を授ける、というのはなかなかうまい仕掛けと言えます。

　17世紀に王室と議会が衝突し、議会軍が国王（チャールズ一世）を処刑した歴史を持つイギリス。この市民戦争（Civil War）は1660年の王政復古で一応決着を見ました。わずか約20年間の混乱期です。イギリスの社会は支配者・特権階級を神格化せず、王室のメンバーも庶民と変わらない同じ人間として捉えています。

　イギリス人が最も尊敬する人物ウィンストン・チャーチル。彼の銅像は国会議事堂前に立っていますが、小ぶりで杖をつき、やや前かがみの姿勢。しかも台座の高さもそれほど高くないのがいいところです。

　日本もアラブ諸国や旧共産圏の国などで見られるよ

うな政治指導者の巨大なポスターや銅像が少ないのは救いです。

若い国アメリカは良くも悪くも若者文化です。過去のしがらみや既成概念に捕らわれません。新しいモノ・コトに挑戦するフロンティア精神、腹の探り合いをせずに思っていることを臆せずズバッと言う、いいと思えば何でも取り入れる、純粋な好奇心・探求心、怖い物知らず、簡単にめげない精神力など大いに評価したい面がある一方で、ほどほどを知らず欲望のおもむくまま突っ走ってしまう、他人の物差しでモノを見ることができない、感情を剥き出しにしてしまう、批判に堪えられないなど、よろしくない面もあります。

Size matters!、**The winner takes it all.**というアメリカ流とはそろそろ距離を置いて、客観的に見直すべきときではないでしょうか。

ショー・タイム！

トロフィー（trophy。英語でのアクセントは**o**に付けます）と言えば、winnerが手にする優勝カップがまず頭に浮かびますが、家の壁の上の方に飾ってある、

狩猟で仕留めた動物の頭、あれが本来のトロフィーです。戦利品あるいは獲物のことなのです。

ヨーロッパでも古い屋敷などに入るとよく見かけます。このトロフィーはあまり小さな動物では自慢できないし、かと言ってあまり大きいと壁にかけられないので鹿やイノシシなどが犠牲になっています。

スコットランドでは**hip flask（ズボンのポケットに入れる、ちょっと湾曲した金属製の容器）**に入れたウィスキーを飲みながら高地で狩猟を楽しみます。ところが酔って焦点が定まらずトロフィーなしで引き揚げることも多いようです。そもそも飲んで楽しい会話ができればいいのでトロフィーなしでも一向にぶつくさ言いません。帰り道では足元がおぼつかなくなってしまいます。スコットランドではアルコール依存症が深刻な問題になっているのですが、それはさておき、狩猟もあまりに長いことやっているので、古い屋敷にはもう壁にトロフィーを飾るスペースが残っていません。

アメリカでは何と鹿やイノシシばかりでなく若くてきれいな女性も飾るのです。筆者のような年配の者（「高齢者」というのは響きが良くない）が30〜40歳も年下の女性を「仕留め」、結婚し、「ほら、ボクのワイフはこんなに若いんだぞ」と見せびらかす、これを**trophy wife（トロフィー・ワイフ）**と言います。壁にかけておかず、あちこち連れて歩きます。『プレイ

ボーイ』誌の創始者ヒュー・ヘフナー（当時86歳）が2012年に仕留めたクリスタル・ハリス（同26歳）が典型的なトロフィー・ワイフの例です。アメリカでもトロフィー・ワイフはそれなりの目で見られるので女性の方に躊躇があっても、**winner**は隠しておかないのです。トロフィーは飾っておくだけでなく見せびらかさなければなりません。**'The winner takes it all.'**の社会ではそれが拍手で迎えられます。

そればかりでなくwinnerが「うちの子はこんなに恰好いいんだぞ」と見せびらかす**trophy kids（トロフィー・キッズ）**もいるというから驚きます。

アメリカでは小さいときから子供に、教室で誕生日に親からもらったプレゼントなどを他の生徒たちの前で見せて解説したり、いきさつを話すという機会を与えます。これは**'show & tell'**という正式な課目で、最近はイギリスの学校でも採り入れるところが増えています。アメリカの**'show & tell'**というのは「見せて話す」というより**「見せびらかして自慢する」**機会だと言っていいでしょう。

当然、子供は他の生徒より自慢できるものを見せたい、親もあまり冴えないものではかわいそうだ、ということでプレゼントには気を遣います。アメリカ人のプレゼンテーション能力はこうやって養われます。プレゼンテーションとはすなわち**「見せびらかし」**、

ショー・タイムなのです。

　アメリカン・フットボールの試合にはハーフタイム・ショーがありますが、試合そのものもショーなのです。観客は華麗なロングパスや肉弾戦に拍手喝采を送ります。ショー化したスポーツ（?）の最たるものがプロレスですが、野球やバスケットボールのように本来は肉弾戦ではないスポーツでも当たりがウケます。北米のアイスホッケー・リーグでは1992-93年のシーズンから肉弾戦を引き起こし相手チームのプレーヤーを反則でペナルティー・ボックスに送り込む**instigator（扇動者、火付け役）**というのが導入されたくらいで、客を呼べるなら何でもOKという世界なのです。
「テレビ番組」はイギリスでも日本でも（ドイツやフランスでも）**'TV programme'**ですが、アメリカでは**'TV show'**です。このあたりからも、アメリカ人の見世物好きなことがうかがえます。テーマパークがアメリカ発祥なのも、むべなるかなです。

　政治家が演説会場で最後に、政治信条があるわけでもない配偶者や子供まで登壇させるのも「見せびらかし」、ショーなのです。最近はイギリスの政治家も党大会などで同じことをやっていて、最後はカラフルな風船が舞ったり、上からcomfetti（紙吹雪）が落ちてきたりという、アメリカ流にかなり近づいてきている

感があります。年配の政治家は恥ずかしくてステージ前の階段に足を乗せることができません。

わかりやすいのが一番？

　小さい頃からショー漬けにされているアメリカ人は見て楽しいものを好みます。「見て楽しい」ということは深く考えずとも、見て白か黒かすぐにはっきりとわかるものでなければなりません。スポーツでも短時間に得点が入り、試合の途中でも勝ち負けがあるスピーディーなものに人気があります。

　最長のマッチでは５日間も試合が続き、ランチとお茶の時間にはプレーを中断し、最後は引き分けもあり得るクリケットなどはアメリカでは大衆ウケしません。

　見せびらかしにもってこいの車を選ぶ場合もハンドルの切れ、コーナリングでのバランス、ブレーキの感触、サスペンションの具合など、メーカーが本来評価して欲しいような技術力、足回りにはあまり関心がなく、内装、外装とも見た感じで恰好いいのが好きです。このあたりをうまく掴んで成功しているのがレクサスです。これを目の当たりにしたベンツは国内でコスト削減に迫られたこともあって、レクサスを後追いした結果、クオリティが低下しています。

　また筆者は基本、大型車が大好きなのですが、日本車の強みだった燃費の良さもアメリカのメーカーに追

いつかれています。ガソリン価格が1ガロン2ドルを割り込むようになったら日本車が販売不振に陥る可能性もあります。

　映画でもどっちが**善玉**（hero）でどっちが**悪玉**（villain）なのかが瞬時に判断でき、派手なカーアクション、カーチェースなどを交えて善玉が危うく消されてしまいそうなハラハラとするシーンで客を楽しませ、最後は期待どおり善玉が悪玉をやっつけるハッピーエンドでないと客が満足しません。こういうスカッとしたのがウケます。善玉と悪玉が実は逆だったり、善玉がやられて悪玉が生き残ったり、どっちもやられる、あるいはどっちもやられない、というような深く考えさせられるプロットは大ヒットしません。それどころか納得が行かない観客からブーイングが起きる可能性もあります。そもそもストーリーの理解に苦しむような外国の映画は上映されません。
　第二次大戦のヨーロッパ戦線を下敷きにした戦争映画でもアメリカ軍を中心とした連合軍が常に善玉で、ドイツ兵は例外なく悪玉です。現実の世界では敵が味方になったり、その逆もありで、むしろ白か黒かはっきりしないことの方が多いのですが。
　私たち日本人は小さいときからさんざんこういうアメリカナイズされたものに慣らされて、これが世界中で当たり前なのだと勘違いしていないでしょうか。ア

メリカで流行っている、ならばちょっと待てよ、くらいの姿勢で臨みたいものです。

'Greed is good?'

映画『ウォール街』でマイケル・ダグラス扮する、資本主義の権化ゴードン・ゲッコーが聴衆を前にしたスピーチで**'Greed is good.'**（欲は善である）と語るシーンがあります。他人を蹴落として自分が**winner**になる、大金持ちになるという**'American dream'**を実現することができるのは**greed**があるからだ、**greed**はなくてはならないのだ、**greed**が社会を豊かにするのだ、善なのだ、というメッセージです。

子供がそのまま大人になってしまったようなアメリカ人の社会では素直に受け入れられるかもしれませんが、成熟した社会では会った瞬間から単刀直入に**'Let's get down to business!'**（いくら出す？）というような金儲けの話はしないような仕組みが設けられているものです。

日本であれば尊敬、謙譲表現などを交えながら天気や業界の話、景気一般、世界情勢などについて言葉を交わし、いきなり金儲けの話はしません。大阪弁で「もうかりまっか？」と言うのも、実際に今月の収支を訊いているのではなく単なる挨拶なのです。国ごと、文化ごとのマナーやエチケットもそういう社会的な仕組

みなのだと思います。

　日本人もケンタッキーフライドチキンを何の抵抗も
なく受け入れていますが、チキンを手でわし掴みにし
て骨までしゃぶる、というのは非常に動物的、野蛮な
食べ方です。ご存じかと思いますが、ケンタッキーフ
ライドチキンのタグラインは**'It's finger lickin' good'**、
つまりチキンを掴んだ「**指もしゃぶりたくなるほどお
いしい**」というものです。その通りに実行されている
読者もいらっしゃるのではないでしょうか。

　また、今でも覚えていますが80年代に東京に進出し
てきたハンバーガー・チェーン、ウェンディーズに初
めて入ったときに、サラダバーのところに**'Eat all you
want!'（好きなだけお取りください）**と書いてあった
のでひっくり返りそうになったことがあります。

　腹いっぱいになるまで食べるのがアメリカ文化なの
です。家庭でもそうするよう躾けられていて食べない
と具合が悪いのかと心配されたり、大きくなれないぞ、
と「脅迫される」ので腹八分目という概念がありませ
ん。指をしゃぶりながらケンタッキーフライドチキン
をたらふく食べ、「ダイエット」コークをがぶ飲みす
れば肥満にならない方がおかしい。

　早食い競争、大食い競争なんていうのは実に下品な
イベントで、周りの者がはやし立てたり優勝者に拍手
したりという光景は見るに堪えません。筆者は特に慈

悲深いわけでも慈善家でもなく、批判する気もありませんが、世界では18分に1人が餓死しているという現実を思うと腹立たしい気持ちにもなります。

　腹が減った、あそこに獲物がいる、では食おう、モタモタしていると他の者に食われてしまう、あるいは自分が食われてしまう、という弱肉強食の世界は動物界ならわかりますが、人間がそのレベルに落ちてはならないのです。**Greed is good in its moderation!（ほどほどの欲は善である）**と言い換えたいところです。

　ずいぶんアメリカ文化を批判しましたが、アメリカにもどうしても忘れられない紳士的な人物がいます。USエアウェイズ1549便のチェスリー・サレンバーガー機長です。エンジンが停止した機体をハドソン川に着水させ全員を無事救出に導いた元空軍パイロット。2009年1月のことです。

　アメリカ中が彼をヒーローに祭り上げようとしました。しかし、彼はこれを拒否し直後のインタビューで「私のクルーだけではなく、脱出、救出の際の乗客の皆さんの見事な行動があってのことです」と淡々と語ったのを鮮明に覚えています。

ディジェスティフ＝「プレグジット」を練る

　2018年1月に、ロンドンのセント・ジェームス・ス

トリートにあるシャープス・ピクスレー社で催された
パーティーに呼ばれ、スピーチをする機会がありまし
た。

　セント・ジェームス・ストリートは短い通りで、あ
まり人通りは多くなく、由緒あるジェントルマンズ・
クラブや小粋なレストラン、猟銃店などが並んでいる、
ちょっとお洒落な通りです。メインコースの冒頭で紹
介させていただいた筆者のスペシャル・レディー、ヘ
ザーが会員になっているクラブもこの通りにあります。

　2016年の暮れに37番地にあるウォルブルックという
会員制クラブでのセミナーに招待され、ピカデリーか
らセント・ジェームス・ストリートに折れると、すぐ
右にあった高級ブティックの店舗で大がかりな改修が
進んでいましたのでビックリ。というのも、この通り
では珍しいまったく新しい店構えへの模様替えをやっ
ていたからです。向かいは最も格の高いジェントルマ
ンズ・クラブ、ホワイツという超一等地です。

　前で立ち止まると、ショーウィンドーのガラスに
「ニュー・ゴールド・ショップ、2017年1月開店予定」
と書いてあります。

　筆者はいつになるかはわかりませんが、信用だけを
裏付けとした今の不換紙幣制度はいずれ終わりを迎
え、実体のある現物資産が見直されるときが来る、と
信じていて、そのときにはゴールドの価格が高騰する

だろうと考えています。そこで「うむ、なかなかいいタイミングで出店するな、ぜひ社長と意見交換したい」と思いました。これが冒頭に書いたシャープス・ピクスレー社で、創立は1778年。親会社は欧州最大の貴金属取扱業者、ドイツのデグサです。

　２月にネットで開店を確認し電話すると、社長のロス・ノーマンがすぐに出ました。筆者の経歴、関心、相場観などをサッと伝えたところ、ぜひ会いたい、店に来ないか、と言ってくれたので早速、翌週に訪問しました。

　50代半ばとおぼしき彼、貴金属のトレーディングを長くやっていたのでしょう、話のテンポ、反応の速さは金融街シティの為替トレーダー並みです。非常に気さくかつ率直で、相場観も大筋で一致し、以来、親しくしています。

「ボクは以前に日本の商社のコンサルティングをやっていたのだけれど、彼らとの旧交を温める目的で、この新店舗でパーティーをやりたい。ついては主賓に日本大使を招待したいんだけど、どうだ？」と相談されたのが2017年秋のことです。

　たまたま大使館に知り合いがいたので相談したところ、すぐに大使につないでくれて、ロス社長と一緒に大使館でお目にかかり用件を伝えたところ二つ返事で快く出席に同意してくれました。これが冒頭のパー

ティーです。

ロスには当日の和食のケータリングもアレンジして
あげたところ、
「ボクは自分の関係者を招待するけど、マック、君の
知り合いも呼んで構わないよ」と言われたので、ゴー
ルドとは何の縁もない友達も含め誘いをかけたところ
20人くらいが来てくれました。当日は数の上では筆者
の関係者の方が多くなってしまいましたが、ともあれ
盛況でした。

ゲストがシャンパンや和食、会話を楽しんで45分く
らいしたところで、ロスが店の宣伝を兼ねてスピーチ
をしました。一応原稿は準備していたようですが、ク
ダクダと焦点のボケた話を20分くらいやっていました。
「マック、君もスピーチやったら?」と誘われていま
したので、2日前に準備していました。筆者が何者か
についてはすでに出席者全員が知っていましたので、
いきなり:

'Brexit has been a hot issue since 2016. The word
is now officially registered in the Oxford English
dictionary.
It is now increasingly clear that the real objective of
Brexit is NOT a clean breakaway from the EU.
Putting political debates aside, we should not forget
about what I call Prexit, a private exit.

Throughout our life, we learn that exiting or disengaging is far more troublesome than entering or engaging.

Starting an argument or war, for instance, is relatively easy compared to ending or exiting from it.

Likewise, divorcing is far more difficult than marrying.

Since life is not eternal, we should not be stuck with the problem of exiting for too long.

That means at some stage each of us needs to develop some sort of exit strategy to proceed to a next stage. Actual exiting requires lots of energy and resources, including emotional capital.

Then, exiting must be worked out at an early stage.

But at the same time, however, there are some things, like gold, and some people worth holding onto or engaging with for a long time. (a bit of marketing pitch for Ross)

Hope you will find such things tonight.'

（2016年以来、ブレグジットがホットな話題になっていて、「ブレグジット」という言葉はオックスフォード大英辞典にも正式に英単語として登録されています。

　今やブレグジットの真の目的はEUからきれいさっぱり離脱しようというものではないことが一段と明白になりつつあります。

　政治的な意見はいろいろあるでしょうが、私が**「プレグジット」**と呼んでいることを忘れたくないものです。つまり**プライベート・エグジット**です。

　私たちは人生を通じて「出ること」または「関係を断ち切ること」の方が「入ること」や「関係を持つこと」よりもはるかに難しい、ということを学びます。

　例えば、口論や戦争を始めるのは、それを終わらせる、あるいはそこから出ることより比較的容易です。

　同様に、離婚の方が結婚よりずっと難しいものです。

　人生は永遠ではないので、出口の問題に長いこと拘泥するのは良くありません。

　であれば、次のステージに進むために、ある段階で何らかの出口戦略を練る必要があります。実際に出るときには感情も含め、多くのエネルギーとリソースを必要とします。

　そうなると、出口戦略は早めに練らなければならない、ということになります。

　しかし同時に、長く持っておく、あるいは付き合っていくに値する、ゴールドのようなモノ、あるいは人たちがいるものです。

　今夜はそういう出会いになることを祈ります。)

一語一語はっきり、ゆっくりとしゃべりましたが、全体で５分もかからない手短かなものにしました。最後にロスのために、しっかりゴールドのプロモーションもしています。

　実は真ん中のところでユダヤの格言

'Before you get married, think who you will be divorcing from.'（**結婚する前に、誰と離婚することになるか考えよ**）というのを準備していたのですが、これは飛ばしてしまいました。

　Prexitは筆者の造語で、出席者の誰もが初めて聞いた言葉だと思います。

　ヨーロッパは**Brexit**で大騒ぎしていて、グローバルでは筆者が自論とするトランプが推進する**Amexit**が起きているのですが、究極は個人ひとりひとりにとっての出口戦略の遂行、**Prexit**が、その人の人生を形成していくのだと思います。

　中国には昔から**「五計」**という考え方があります。人は一生のうちに５つのプランを立てるもので、そのそれぞれにおいてすべきことがある、という教えです。この５つは**「生計」「身計」「家計」「老計」「死計」**ですが、おおよそ言わんとするところは察しが付く、と思います。

　何かベンチマークのようなものを想定しているようですが、ひとりひとり皆違った人生を歩み、「計」の

数もタイミングも違います。しかし、それぞれの「計」
に入り口と出口がある、ということは普遍的に言える
でしょう。おそらく人の一生は「いつ、どこに、どう
やって出たか」という出口の方で、自分でも、他人か
らも評価されることになるのではないでしょうか。

　何事にも永遠はありません。個人も組織も国家も
ピークに達した後、同じレベルまで回復することはま
ず不可能です。過去の栄光は取り戻すことができませ
ん。であれば、下るスピードをできるだけ遅くすると
いう現実的な対応が必要になります。しかし、最後は
「出る」だけになります。

　約300年続いた大英帝国は第一次世界大戦の末期に
ピークを迎えています。その後は**decolonisation**の歴
史で、象徴的には1997年に香港を中国に返還したこと
でその栄華を誇った歴史の幕を閉じました。筆者はこ
れこそブレグジットと呼ぶべきものだ、と思います。

　なぜそう言わないかというと、これはイギリスが今
仕掛けているブレグジットと違って基本的に退却戦
だったからです。退却は、それを周囲に悟られないだ
けの余力が後方にないとうまく行きません。トランプ
が今推進しているアメグジットもこれと相通ずるもの
があります。

　個人の幕引き、「プレグジット」も、余力のあるう
ちに考えた方が良さそうです。

「五計」には、なるほどと感心してしまう筆者ですが、プランは飽くまでプランに過ぎず、たまに過去を振り返ってみると何事もプランどおりには行かない、結局はなるようにしかならない、自分にできることは限られているものだ、と感じます。

しかし、幸い頭がアベレージ並みのうえに、若い頃に遊びまくったので、この歳になっても「へえ、そうだったのか」という驚き、感動を頻繁に味えるのは嬉しい限りです。

まだまだやりたいことがいろいろあるので最後の出口戦略を練る段階ではない、もっとユーモア感覚に磨きをかけて残りの人生を楽しもう、と思う今日この頃です。

トリュフ・チョコ＝
カラダにバーコード

あと20～30年もすると周りはロボットだらけ、という世界になるかもしれません。生身の人間に近いヒューマノイドを相手にする薄気味悪い日常も想像できます。

論理的思考にかけてはロボットにかなわない、というだけでなく、ロボットに最適解を教えられたり、非合理的な行動を取ろうとするとロボットに叱られ、指図どおりにしないとお仕置きを食らうことにもなりかねません。こっちがマスターとして使いこなそうと

思って造ったロボットの奴隷になり下がってしまうお
それもあります。床掃除に使っていたロボットが進化
して、こちらは役立たず、社会にとって有害だと判定
され、ロボットに掃除されるコワーい世の中にならな
いとも限りません。

　今や、起きている間はスマホなしでは生きられない
という人も多いのではないかと思います。スマホをひ
とときたりとも手放せず、カラダの一部にしてしまい
何の抵抗も感じないのはロボットの奴隷予備軍と言っ
てもいいのではないでしょうか？
　スマホを使いこなしていると思っている人ほど、自
分の氏名、年齢、性別、学歴、職歴、家族構成、納税
履歴といった基本情報から、位置情報や好み、買い物
履歴、懐具合、病歴といったプライベートな情報まで
スマホに吸い取られています。
　何十万、何百万人もの個人のデータが集まると、そ
れ自体に金銭的な価値が付きます。大量の個人データ
が強制しなくても集まってくる、というのは利用する
側、特にお上の方からすると誠に都合がいいのです。
　ユニオンペイやアリペイのような電子決済が普及
し、現金をまったく使わない中国では、個人情報が難
なく収集できるので共産党幹部が大喜び。顔認証も捕
捉できるスマホは彼らにとってこの上なく便利なツー
ルです。

中国人にたくさん買い物して欲しいということで、日本でも中国式スマホ決済がかなり普及しつつありますが、こんなところで中国人に媚びるのはいかがなものでしょうか？

「え、ユニオンペイは使えないの？」なんていう中国からのお客さんには、「はい、日本は現金社会でして。便利だと言われるものには気を付けた方がいいですよ。お客さん、おヘソのあたりにバーコードが付いていませんか？」。もう一声、「両替は面倒かもしれませんが人民元より日本円を持っておいた方が将来的にいいですよ」と言いたいところではありますが……。

　幸い、ロボットに取り囲まれるようになるまでには、まだ若干の時間的な余裕があります。そこで、今のうちに対ロボット戦略を練ることをお薦めします。

「おはようございます！　よく眠れましたか？」と目覚めた瞬間にロボットに挨拶され、「おはよう！」と素直に返していると、向こうの術中にはまってしまい、コントロールされっぱなしになりかねません。

「あかさたな！」と言ってみてはどうでしょう。最後の「な」の母音を引っ張って「あかさたなあー！」にすると、もっといいかもしれません。

「『あかさたなあー！』は朝の挨拶ではありません。『おはようございます！』が正しい挨拶です」と、ロボットがこちらを教育しようとするかもしれませんが、無

視します。

　しかし、ロボットの方にも学習能力があるので、何日か「あかさたなあー！」で押し通すと、「あかさたなあー！　よく眠れましたか？」と、こちらのご機嫌取りをしてくる可能性もあります。

　日常的に予想外の反応を示し、ロボットの頭脳を混乱に陥れるのが対ロボット戦略の基本です。要は、向こうのデフォルト・プログラムに合わせるのではなく、想像力・創造力を研ぎ澄まし、ロボットの学習能力が追いつかないようにします。そうすることで、ロボットに飼い慣らされない、自律した人間らしさを保つことができるでしょう。

　デジタル化を徹底し、アルゴリズムを精緻化させ、業務や行政の無駄を省く、効率を向上させるという口当たりのいいお題目は、人間社会をますます非人間的な、ギスギスしたものにしてしまいます。

　無駄や遊びがあってこそ人間でいられるわけですから、こういうユーモアがわからないロボットとの付き合いは最小限にしたいものです。

　2020年からはコロナ・パンデミックの脅威が世界的に喧伝され、これに打ち勝つにはワクチン接種が必要という流れになっていますが、遺伝子を改造してしまうワクチンの開発も進んでいるという噂も耳にしま

す。もし、そんなワクチンを体内に半強制的に打ち込まれたら、自分が自分でなくなってしまう気もします。

　世界経済フォーラムが「第四次産業革命」と称して推進しようとしている世界改造計画、「グレート・リセット」の一環に、このワクチン戦略が組み込まれています。イギリスのエリートは、ここでの旗振り役を演じている感じがして油断がなりません。「ロイヤル・ファミリーはすでにワクチン接種を済ませた」という報道がありますが、実際に接種されたのは栄養剤か何かじゃないでしょうか。

　ワクチン接種証明書の発行も計画されていて、これがないと海外にも行けないということになりそうです。優秀なハッカーと組んで、政府のシステムに侵入し、自分のワクチン接種証明書を発行しようと考えている今日この頃です。

?と!で豊かな人生

最後は筆者の好きな苦味の効いたブラックのダブル・エスプレッソでコースを終えたいと思います。

　日本語には「分をわきまえる」という表現があります。社会における自分の立ち位置を知り、実力・能力以上に背伸びをしない、といった意味が込められた、やや否定的なメッセージかと思います。出る杭を打つ側のセリフ、とも言えそうです。筆者はどうもこの表現が好きになれません。しかし、年齢を重ねたせいか、この表現をもう少し中立的に解釈するようになりました。
　日本は幸い個人が「分をわきまえる」ことを自由に模索できる社会、国家です。皇室を除けば、生まれたときから個々人の「分」が決まっていて、身動きが取れないというわけではありません。
「分」を「わきまえる」にはわきまえる対象である「分」を知らなければわきまえようがありません。この「分」は誰の「分」なのかと言えば自らの「分」、すなわち「自分」なのです。

　人生はこの「自分を知る」という過程です。その過程で「自分」も自分が身を置いている社会も変化するので、「自分を知る」ことは一生続きます。「自分」は「自分」だけでは存在し得ず、自分以外の他人、社会、環境、自然界との関わり合いを通じてしか知り得ませ

ん。「自分を知った」という過去形にしたり、「自分を知る」という自主的、能動的な行為をやめてしまった人は、生物学的に生きていたとしてもその時点で人生終了です。

「自ら」は個人のレベルでは「自分」、企業のレベルでは「自社」、国のレベルでは「自国」です。現代では、このそれぞれのレベルにおいて、自らの「分」の模索が恒常的かつ連続的に地球レベルで起きており、グローバルな文脈を理解しないで「分」を知り、わきまえることもできなくなっています。

この模索に能動的に取り組まなくても、例えば「自分」が置かれている社会、「自社」「自国」が、ワシントンや北京、ブリュッセルにおける政治的決断、ニューヨーク、フランクフルト、ロンドンの金融政策の変更などの影響を受けます。逆に、東京の政治的決断、経済・金融政策もグローバルなスケールでインパクトを与える場合があります。

こういう問題意識を持って「分」の模索に前向きに取り組むのが、それぞれのレベルにおけるグローバル・シチズンの生き方です。世界は一瞬たりとも停止することはありません。日本が夜中で、皆が眠っている間にも刻々と変化しています。

「自分」は、接する「他分」（自分以外の「他者」の領分）との違い、勝手知ったる居心地のいい日常と、

次の瞬間にどうなるか予測も難しい慣れない非日常との差が大きければ大きいほど、「自分」とは何なのかを問う機会を与えられます。そのたびに、いかに自分が無知で、どれほどに「自分」の一部も知らなかったかを思い知らされます。

「分」のすべてが相互作用、相対関係なしにはあり得ないというわけではありません。生まれつき、持って生まれたもの、「性」という部分があるのも否定できません。特に努力せずとも（筆者にはそのように見えた）、何でもスイスイ頭に入ってしまい、次から次へと新しい分野に挑戦していく人たちにも会いました。

皆ひとそれぞれで、まったく同じ個人は存在しません。どういう人生にするのかという選択はそれぞれの自由です。できるだけ早いうちに子供や若者に対して、生まれながらに持っている強みを特定してあげて、そこを育んでやるのが、少しでも自分というものを知った大人の責任でしょう。

しかし、大人も所与の現実を冷静に受け止めると同時に、「なぜこうなのか」「これがすべてではないのではないか」「他の選択肢もあるのではないか」と問い続けることを止めてはなりません。これまでどおりが正しいのかもしれませんが、「前例がない」「こういうふうに決まっている」という理由だけでこれまでどおりを踏襲する人ばかりでは何の進歩もありません。自

分の頭で考え、「これまでどおり」に疑問を呈する人間を育てるのが教育の役目であり、それを聞く耳を持つ社会でなければならないと思います。

　最近親しくしている、孫も数人いる元女優のイギリス人女性は「子供たちには**'learn how to learn'**（どうやって学ぶのかを学ぶこと）を教えるのよ」と語ってくれました。自分の頭で考える子供を育てるのが大人の務めなのでしょう。

　70歳になった筆者ですが、アベレージの頭脳しか持ち合わせていないので未だに自分がよくわかりません。それゆえ、分をわきまえず、ひらめきと直感、欲望のおもむくままに時々突っ走ってしまい、軌道修正が必要だという局面に至ります。「お陰で」最初の伴侶はイギリス人、２人目はルーマニア人、それでもまだ学習が足りないのか３人目に挑んでしまう今日この頃です。最近はどうもこの部分が生まれつきのかなりの部分を占めているのではないか、と感じ始めています。

　自分の子供さえ育てたことのない半人前でワガママな自分を、英語で**'hopelessly hopeless'**（絶望的に絶望的）だと認識しつつも、後を振り返らずに刺激的でもっと違った「他分」との出逢いや見知らぬ世界を追い求めてしまう危ない筆者です。

2021年３月　　　　　　　　小西 丹

小西 丹（こにし・まこと／海外では Mack Konishi）
1950年生まれ。上智大学法学部卒、同大学院言語学科中退。在英30年。日本で外国人に対する日本語教育に17年間従事し、89年に英シェフィールド大学に職を得、渡英。翌90年春に金融界に転身し日興証券ヨーロッパに4年間勤務。当時ロンドン金融先物取引所の最大手であった英資本の金融機関GNI、マクロ経済のリサーチで世界的に知られたロンバード・ストリート・リサーチ社等で研鑽を積む。2009年にハンガリー人と金融仲介に特化したAgem Capital社を設立しグローバルに展開、世界の主要な金融市場、経済、政治の動向を分析したレポート「ロンドン・インテリジェンス」を毎週配信している。時宜を見て英語のレポートもウェブサイトに上梓。2020年12月から月1回、世界情勢に関するトークをYouTubeにアップロード。1996～97年にはテレビ東京『ワールドビジネスサテライト』で毎日市況解説を担当。以降、さまざまな日本の月刊誌や週刊誌に寄稿中。

英語でユーモア
「グローバル・シチズン」に不可欠な素養をどう磨く

著者　**小西 丹**

2021年5月10日　初版発行

発行者　佐藤俊彦
発行所　株式会社ワニ・プラス
　　　　〒150-8482 東京都渋谷区恵比寿 4-4-9 えびす大黒ビル 7F
　　　　電話　03-5449-2171（編集）
発売元　株式会社ワニブックス
　　　　〒150-8482 東京都渋谷区恵比寿 4-4-9 えびす大黒ビル
　　　　電話　03-5449-2711（代表）

装丁　　柏原宗績
DTP　　小田光美（オフィスメイプル）
印刷・製本所　大日本印刷株式会社